군무원

전산직

기출동형 모의고사

KB084383

제 1 회	영 역	국어, 컴퓨터일반, 정보보호론
	문항수	75문항
	시 간	75분
	비 고	객관식 4지 택일형

SEOWONGAK

(주)서원각

제 1 회 기출동형 모의고사

✏️ **국어**

1. 밑줄 친 부분을 고쳐 쓴 것으로 옳지 않은 것은?

① 이 건물에서는 흡연을 <u>삼가하시오.</u> → 삼가시오

② 학교 담에는 <u>덩굴이</u> 뒤엉켜 있다. → 덩쿨

③ 어제의 기억을 <u>곰곰히</u> 생각해 보았다. → 곰곰이

④ 한국인은 김치를 <u>담궈</u> 먹는다. → 담가

2. 다음 한글 맞춤법 총칙 제1항의 원칙에 따라 다음의 예를 옳게 구분한 것은?

> 한글 맞춤법은 표준어를 소리대로 적되, 어법에 맞도록 함을 원칙으로 한다.

> ㉠ 지붕   ㉡ 의논
> ㉢ 타향살이   ㉣ 오세요
> ㉤ 합격률   ㉥ 붙이다

	'소리대로 적은 원칙'에 따른 예	'어법에 맞도록 한 원칙'에 따른 예
①	㉠㉡㉣	㉢㉤㉥
②	㉠㉡㉤	㉢㉣㉥
③	㉡㉣㉥	㉠㉢㉤
④	㉢㉤㉥	㉠㉡㉣

3. 다음 중 외래어의 표기법이 바른 것은?

① 엘레베이터(elevator)

② 액서서리(accessory)

③ 리포트(report)

④ 로보트(robot)

4. 그 단어의 표기와 발음이 어문 규정상 옳지 않은 것은?

① 웃옷 – [우돋]   ② 윗잇몸 – [위딘몸]

③ 윗변(–邊) – [윋뼌]   ④ 웃돈 – [욷똔]

5. 다음 안내문에서 외래어 표기가 옳지 않은 것은?

> 우리 시는 광복 75주년을 맞아 다음과 같은 문화 행사를 계획하고 있습니다. 시민 여러분의 많은 관심과 참여 바랍니다.
> 1. 행사 기간 : 2020. 8. 9~2020. 8. 15
> 2. 행사 내용
>   가. 아시아 문화 경제 심포지움
>   나. 시민 문화 센터 개관 기념 '해방 전후 사진전'
>   다. 뮤지컬 '안중근, 하얼빈에서 울린 축포' 상연
>   라. 미니 플래카드에 통일 메시지 적어 달기
> 　　　　　　　　　　　　　　　　　－○○시 시장 ○○○－

① 심포지움   ② 센터

③ 하얼빈   ④ 플래카드

6. 다음 중 복수 표준어에 해당하지 않는 것은?

① 볕을 쬐다/쪼이다

② 나사를 죄다/조이다

③ 벌레가 꼬다/꼬이다

④ 물이 괴다/고이다

7. 다음 밑줄 친 부분의 어휘 사용이 옳은 것은?

① 사막의 날씨는 식물의 <u>성장</u>에 적당하지 못하다.

② 순순히 잘못을 시인하는 그의 태도가 <u>웬지</u> 미심쩍다.

③ 우리의 인생에서 경쟁은 <u>불가결한</u> 것이다.

④ 외삼촌 집에 숙식을 <u>부치기로</u> 하고 나니 마음이 놓인다.

8. 다음 글의 (　)에 들어갈 말로 적절한 것은?

> 세상 참 많이 변했다. 힐러리 클린턴에게 중국 고사성어를 배울 수 있는 세상이 되었으니, 금년 5월 베이징에서 열린 미·중 제2차 전략경제대화에 참석한 미국 장관들은 함축적이며 품격 있는 고사성어를 인용하며 분위기를 띄웠다. 한·중 외교현장에서도 중국말로 얽힌 일화가 많다. 얼마 전 중국 외교부 부부장은 천안함 사건 처리와 관련해 베이징을 찾은 우리 외교부 차관에게 소동파의 시구를 쓴 액자를 선물하여 자기네들의 속마음을 전하였다. 지난해 12월 중국 공산당 기관지인 인민일보에는 바로 이웃인 한·중 양국이 서로 잘되는 것을 기뻐하기를 기원하며 한·중 관계를 (　)로 비유하는 글이 기고되었다.

① 당랑거철(螳螂拒轍)

② 송무백열(松茂栢悅)

③ 괄목상대(刮目相對)

④ 반의지희(班衣之戱)

9. 한자어 표현을 제대로 이해하지 못한 것은?

① 법(法)에 저촉(抵觸)되다.

　→ "법에 걸리다."라는 말이다.

② 식별(識別)이 용이(容易)하다.

　→ "눈에 선하다."라는 말이다.

③ 촉수(觸手)를 엄금(嚴禁)하시오.

　→ "손대지 마시오."라는 말이다.

④ 장물(臟物)을 은닉(隱匿)하다.

　→ "범죄 행위로 부당하게 취득한 남의 물건을 숨기다."라는 말이다.

10. 국어의 역사적인 변화에 대한 설명으로 옳은 것은?

① 15세기 국어의 모음 'ㅐ, ㅔ, ㅚ, ㅟ' 등은 현대 국어로 오면서 소리값(음가)이 바뀌었다.

② 15세기 국어의 주격 조사에는 '가'와 '이'가 있었지만, 점차 '이'가 더 많이 쓰이게 되었다.

③ '어리다'라는 단어의 뜻은 '나이가 적다'에서 현대 국어로 오면서 '현명하지 못하다'로 바뀌었다.

④ 15세기 국어는 방점으로 소리의 장단을 표시하였으나, 그 장단은 점차 소리의 높낮이로 바뀌었다.

11. 다음 글의 괄호 안에 들어갈 문장으로 가장 적절한 것은?

> (　　　　　　　　　　　　　　　　) 사람과 사람이 직접 얼굴을 맞대고 하는 접촉이 라디오나 텔레비전 등의 매체를 통한 접촉보다 결정적인 영향력을 미친다는 것이 일반적인 견해로 알려져 있다. 매체는 어떤 마음의 자세를 준비하게 하는 구실을 하여 나중에 직접 어떤 사람에게서 새 어형을 접했을 때 그것이 텔레비전에서 자주 듣던 것이면 더 쉽게 그쪽으로 마음의 문을 열게 하는 면에서 영향력을 행사하기는 하지만, 새 어형이 전파되는 것은 매체를 통해서보다 상면하는 사람과의 직접적인 접촉에 의해서라는 것이 더 일반화된 견해이다. 사람들은 한 두 사람의 말만 듣고 언어변화에 가담하지는 않는다고 한다. 주위의 여러 사람들이 다 같은 새 어형을 쓸 때 비로소 그것을 받아들이게 된다고 한다. 매체를 통해서보다 자주 접촉하는 사람들을 통해 언어 변화가 진전된다는 사실은 언어 변화의 여러 면을 바로 이해하는 한 핵심적인 내용이라 해도 좋을 것이다.

① 언어 변화는 결국 접촉에 의해 진행되는 현상이다.

② 연령층으로 보면 대개 젊은 층이 언어 변화를 주도한다.

③ 접촉의 형식도 언어 변화에 영향을 미치는 요소로 지적되고 있다.

④ 매체의 발달이 언어 변화에 중요한 영향을 미치는 것으로 알려져 있다.

12. 말하는 이와 듣는 이의 지위에 따른 단어의 쓰임이 바른 문장은?

① 할아버지, 어머니께서 밥 드시래요.

② 참 오랜만이네. 자네 선친께서는 편안하신가?

③ 선생님께서 누추한 우리 집을 몸소 찾아 주셨다.

④ 선생님, 저를 가르치시느라 대단히 수고하셨습니다.

13. 다음 작품이 지닌 특징으로 적절하지 않은 것은?

> 나는 나룻배,
> 당신은 행인.
>
> 당신은 나를 흙발로 짓밟습니다.
> 나는 당신을 안고 물을 건너갑니다.
> 나는 당신을 안으면 깊으나 얕으나 급한 여울이나 건너갑니다.
>
> 만일 당신이 아니 오시면 나는 바람을 쐬고 눈비를 맞으며 밤에서 낮까지 당신을 기다리고 있습니다.
> 당신은 물만 건너면 나를 돌아보지도 않고 가십니다그려.
> 그러나 당신이 언제든지 오실 줄만은 알아요.
> 나는 당신을 기다리면서 날마다 날마다 낡아갑니다.
>
> 나는 나룻배,
> 당신은 행인.
>
> — 한용운, 나룻배와 행인 —

① 높임법을 활용하여 주제 의식을 강화하고 있다.
② 공감각적 비유로 정서적 분위기를 조성하고 있다.
③ 수미 상관의 방식으로 구조적 완결성을 높이고 있다.
④ 두 제재의 속성과 관계를 통해 주제를 형상화하고 있다.

14. 다음 글의 중심 내용으로 가장 적절한 것은?

> 분노는 공격과 복수의 행동을 유발한다. 분노 감정의 처리에는 '눈에는 눈, 이에는 이'라는 탈리오 법칙이 적용된다. 분노의 감정을 느끼게 되면 상대방에 대해 공격적인 행동을 하고 싶은 충동이 일어난다. 동물의 경우, 분노를 느끼면 이빨을 드러내게 되고 발톱을 세우는 등 공격을 위한 준비 행동을 나타내게 된다. 사람의 경우에도 분노를 느끼면 자율신경계가 활성화되고 눈매가 사나워지며 이를 꽉 깨물고 주먹을 불끈 쥐는 등 공격 행위와 관련된 행동들이 나타나게 된다. 특히 분노 감정이 강하고 상대방이 약할수록 공격 충동은 행동화되는 경향이 있다.

① 공격을 유발하게 되는 원인
② 분노가 야기하는 행동의 변화
③ 탈리오 법칙의 정의와 실제 사례
④ 동물과 인간의 분노 감정의 차이

15. 다음 우화를 서두로 하여 강연을 하려고 한다. 강연의 제목으로 가장 적절한 것은?

> 옛날 어느 마을에 나이가 아주 많은 농부가 살고 있었어요. 죽을 때가 다 되었음을 느낀 농부는 자식들을 한곳에 불러 모았어요.
> "이제부터 내 말을 잘 들어라. 조상 대대로 내려오는 보물이 우리 밭에 숨겨져 있단다. 어디에 묻혀 있는지 정확히 모르지만 부지런히 밭을 파다 보면 반드시 보물을 찾을 수 있을 거다."
> 농부는 이 말을 남기고 세상을 떠났지요. 농부의 자식들은 보물을 찾으려고 열심히 밭을 파기 시작했어요. 하지만 밭을 모두 파헤쳐도 끝내 보물은 나오지 않았답니다. 농부의 자식들은 크게 실망해서 이렇게 말했어요.
> "구석구석 다 파 보아도 보물이 없어. 아버지가 잘못 아셨나 봐. 이왕 파 놓은 밭이니 씨앗이나 뿌리자."
> 가을이 되자 농부의 자식들은 풍성한 곡식을 거둬들이게 되었지요. 그때서야 아버지가 말한 보물이 무엇을 뜻하는 것이었는지 알게 되었답니다.

① 배울 수 있는 만큼만 가르쳐라
② 가르치는 것도 때가 있다
③ 알려 주는 교육보다 깨닫게 하는 교육을
④ 결과보다 과정을 중시하는 교육을

16. 다음 글에 대한 설명으로 가장 적절한 것은?

> 사회자 : 이번 시간에는 '유명인의 사생활 보장이 국민의 알권리에 우선되어야 하는가?'를 논제로 하여 찬반 양측 토론자 각 두 분씩과 배심원들을 모시고 토론해 보겠습니다.
>
> 사회자 : 먼저 찬성 측 첫 번째 토론자가 자신들의 입장과 그 이유에 대하여 입론해 주십시오.
>
> 찬성 측 토론자 1 : 저희 측에서는 국민의 알권리보다 유명인의 사생활 보호가 우선이라고 생각합니다. 여기서 '유명인'은 말뜻 그대로 사회적으로 널리 알려진 사람을 가리킵니다. 또 '사생활'은 개인의 사적인 생활 영역과 그와 관련된 개인적인 정보 등을 포함하는 개념이며, '알권리'는 국민이 공공의 이익을 위해서 정보를 요구할 수 있는 권리입니다. 여기서 '사생활'은 '개인의 사적인 생활 영역'에 관계되므로, '알권리'의 대상에 해당하지 않습니다. '알권리'란 공공의 문제에 적용되는 개념 아닙니까? 유명인의 사생활은 공적 활동이 아니므로 알권리의 대상에 해당하지 않습니다. 또한 사생활을 보장받을 권리는 한 인간으로서 부여받은 가장 기본적인 권리입니다. 사생활을 보장받을 최소한의 인권은 보장되어야 합니다.
>
> 사회자 : 찬성 측의 입론을 잘 들었습니다. 이어서 반대 측에서 준비해 온 입론을 듣겠습니다.
>
> 반대 측 토론자 1 : 저희는 유명인의 사생활보다 국민의 알권리가 우선이라고 봅니다. 여기서 '유명인'은 그 지명도를 바탕으로 사회에 큰 영향력을 행사하는 사람이고, '사생활과 알권리'는 찬성 측의 개념과 같습니다. 우리는 유명인이 유명하다는 것 자체보다도 사회에 큰 영향력을 행사한다는 점에 주목해야 한다고 생각합니다. 유명 정치인의 경우, 그가 사적으로 어떤 말을 하고 행동을 하는지가 정치 활동의 형태로 공공에 영향을 미칠 수 있습니다. 유명 연예인 또한 그의 행동 하나하나가 사회에 큰 영향을 끼치지 않습니까? 그가 감추고 싶은 비밀이라도 공익을 위해 필요하다면 국민들이 알아야 합니다.

① 사회자가 토론자들의 발언 순서를 통제하고 있다.
② 사회자가 논제에 대한 자신의 찬반 여부를 표명하고 있다.
③ 찬성 측과 반대 측 모두 논제에 대한 상대방의 입장을 수용하고 있다.
④ 찬성 측은 입론 단계에서 논제와 관련된 구체적 사례를 제시하고 있다.

17. 다음 글의 이해로 적절하지 않은 것은?

> 나무는 덕(德)을 지녔다. 나무는 주어진 분수에 만족할 줄을 안다. 나무로 태어난 것을 탓하지 아니하고, 왜 여기 놓이고 저기 놓이지 않았는가를 말하지 아니한다. 등성이에 서면 햇살이 따사로울까, 골짜기에 내려서면 물이 좋을까 하여, 새로운 자리를 엿보는 일도 없다. 물과 흙과 태양의 아들로, 물과 흙과 태양이 주는 대로 받고, 후박(厚薄)과 불만족(不滿足)을 말하지 아니한다.
>
> – 이양하, '나무' 중에서 –

① 대상에 인격을 부여하고 있다.
② 대상에서 인생의 교훈을 발견하고 있다.
③ 대상의 변화를 감각적으로 묘사하고 있다.
④ 대상을 예찬하는 태도를 취하고 있다.

18. 등장인물들의 정서를 고려할 때, (   ) 안에 들어갈 가장 적절한 것은?

> 그는 얼마 전에 살고 있던 전셋집을 옮겼다고 했다. 그래 좀 늘려 갔느냐 했더니 한 동네에 있는 비슷한 집으로 갔단다. 요즘 같은 시절에 줄여 간 게 아니라면 그래도 잘된 게 아니냐 했더니 반응이 신통치를 않았다. 집이 형편없이 낡았다는 것이다. 아무리 낡았다고 해도 설마 무너지기야 하랴 하고 웃자 그도 따라 웃는다. 큰 아파트가 무너졌다는 얘기는 들었어도 그가 살고 있는 단독주택 같은 집이 무너진다는 건 상상하기 힘들었을 테고, 또 (   ) 웃었을 것이다.

① 드디어 자기 처지를 진정으로 이해하기 시작한다고 생각하고
② 낡았다는 것을 무너질 위험이 있다는 뜻으로 엉뚱하게 해석한 데 대해
③ 이 사람이 지금 그걸 위로라고 해 주고 있나 해서
④ 설마 설마 하다가 정말 무너질 수도 있겠구나 하는 생각에

19. 다음 중에서 글의 차례를 옳게 배열한 것은?

> (가) 언어는 의사소통의 기능에 따라서 듣고 말하거나 읽고 쓰는 것으로 나뉜다. 이 네 가지 기능은 언어 교육에서 가장 중요한 교육 단위이자 목표가 된다. 그런데 우리가 익히 아는 것처럼 의사소통을 위해서 잘 듣고 이야기하는 능력을 갖추고, 읽고 이해하는 동시에 생각과 판단을 글로 작성해 내는 능력까지 갖추는 것은 결코 쉬운 일이 아니다.
>
> (나) 최고의 방법은 멀리 있지 않다. 영역별로 초점화해서 교육의 중점을 세울 때 통합적 관점에서 한 번 더 고민하면 된다. 그리고 영역별 성취 목표를 분명히 제시하여 학습자가 그날 배운 표현을 사용해서 듣고, 읽으면서 이해하는 동시에 말하고 쓸 수 있게 해 주면 된다.
>
> (다) 교육 차원에서 이들 네 영역에 대한 연구는 모국어는 물론 외국어 교육에서 매우 상세하고 자세하게 논의되어 왔다. 하지만 직접 적용 가능해 보이는 이들 연구의 결과들은 그 상세함과는 상관없이 한국어의 특수성에 맞게 조정될 필요가 있다.
>
> (라) 고려하면 할수록 수업은 정밀해지고 활기차게 된다. 기능 영역에 대한 고민과 성찰은 마법 같은 결과를 가져다 줄 수 있다.
>
> (마) 어휘와 문법에 대한 이해를 바탕으로 하여 상황에 맞게 대화를 이끌어가는 듣기와 말하기, 글을 읽고 판단하고 이해하고 추론하는 읽기 그리고 자신의 생각, 지식, 의도 등을 목적에 맞게 쓰는 능력을 교수학습하는 것은 상세한 계획과 이의 적용 방법이 매우 잘 조직되어야 가능한 것이다.
>
> (바) 사실 이러한 관점에서 이미 영역별로 매우 많은 연구가 진행되어 왔다. 문제는 이들 연구의 성과가 한국어 교실 현장에 즉각적으로 반영되지 않는다는 것에 있다. 앞으로 교실 현장을 이끌어가기 위해서 교사는 기능 영역에 대한 명확한 이해와 함께 가르치는 방법을 잘 이해하고 있어야 한다.

① (가) - (마) - (다) - (바) - (나) - (라)

② (나) - (가) - (다) - (마) - (라) - (바)

③ (가) - (나) - (다) - (라) - (마) - (바)

④ (가) - (마) - (바) - (나) - (다) - (라)

20. 다음의 내용을 서론으로 하여 글을 쓸 때, 본론에 들어갈 내용으로 가장 적절하지 않은 것은?

> 그 동안 우리의 음악계는 전통 음악의 고유성을 무시한 채 근대화된 서구 사회의 급속한 접목으로 인하여 유입된 '낯선 음악' 위주로 발전해 왔다. 그 결과 우리 전통 음악은 국민들로부터 유리되어 음악계의 한 구석에서 겨우 명맥을 유지하고 있는 실정이다. 음악이 그것을 향수하는 민족의 정서와 정신을 대변한다고 할 때 이러한 음악적 환경하에서 우리의 국민적 정서는 어찌될 것인지 우려되는 바가 매우 크다. 이에 전통 음악의 대중화를 위한 방안이 시급히 요청된다.

① 전통 음악이 소외되게 된 배경

② 서양 음악에 대한 이해 증진

③ 우리나라 음악 교육의 실태

④ 음악에 대한 청소년의 기호

21. 다음 글의 시점에 대한 설명으로 가장 적절한 것은?

> 파도는 높고 하늘은 흐렸지만 그 속에 솟구막 치면서 흐르는 나의 머릿속을 스치고 지나가는 영상은 푸르고 맑은 희망이었다. 나는 어떻게 누구의 손에 의해서 구원됐는지도 모른다. 병원에서 내 의식이 회복되었을 땐 다만 한 쪽 다리에 관통상을 입었다는 것을 알았을 뿐이다.

① 주인공 '나'가 자신의 체험을 이야기하고 있다.

② 작가가 주인공 '그'에 대해 관찰하여 서술하고 있다.

③ 작가가 제3의 인물 '그'에 대해 자세히 묘사하고 있다.

④ 주인공 '나'가 다른 인물에 대해 관찰하여 서술하고 있다.

22. 다음 글이 주장하고 있는 것은?

제아무리 대원군이 살아 돌아온다 하더라도 더 이상 타 문명의 유입을 막을 길은 없다. 어떤 문명들은 서로 만났을 때 충돌을 면치 못할 것이고, 어떤 것들은 비교적 평화롭게 공존하게 될 것이다. 결코 일반화할 수 있는 문제는 아니겠지만 스스로 아끼지 못한 문명은 외래 문명에 텃밭을 빼앗기고 말 것이라는 예측을 해도 큰 무리는 없을 듯싶다. 내가 당당해야 남을 수용할 수 있다.

영어만 잘하면 성공한다는 믿음에 온 나라가 야단법석이다. 배워서 나쁠 것 없고, 영어는 국제 경쟁력을 키우는 차원에서 반드시 배워야 한다. 하지만 영어보다 더 중요한 것은 우리의 말과 글이다. 한술 더 떠 영어를 공용어로 하자는 주장이 심심찮게 들리고 있다. 그러나 우리의 말과 글을 제대로 세우지 않고 영어를 들여오는 일은 우리 개구리들을 돌보지 않은 채 황소개구리를 들여온 우를 범하는 것과 같다.

영어를 자유롭게 구사하는 일은 새 시대를 살아가는 중요한 조건이다. 하지만 우리의 말과 글을 바로 세우는 일에도 소홀해서는 절대 안 된다. 황소개구리의 황소울음 같은 소리에 익숙해져 청개구리의 소리를 잊어서는 안 되는 것처럼.

① 세계화를 위해서는 세계 여러 나라의 언어를 골고루 받아들여 균형 있게 발전시켜야 한다.
② 우리가 설령 언어를 잃게 되더라도 우리 고유의 문화는 잃지 않도록 최선을 다하는 것이 필요하다.
③ 우리 문화에 대한 자신감이 부족할 경우에는 타문명의 유입을 최대한 막을 수 있도록 노력해야 한다.
④ 국제 경쟁력 강화를 위하여 영어 구사 능력도 필요하지만, 우리의 말과 글을 바로 세우는 일이 더 중요하다.

23. 다음 글에 대한 이해로 적절하지 않은 것은?

한국 건축은 '사이'의 개념을 중요시한다. 그리고 '사이'의 크기는 기능과 사회적 위계에 영향을 받는다. 또한 공간, 시간, 인간 모두를 '사이'의 한 동류로 보기도 한다. 서양의 과학적 사고가 물체를 부분들로 구성되었다고 보고 불변하는 요소들을 분석함으로써 본질 파악을 추구하였다면, 동양은 사이 즉, 요소들 간의 관련성에 초점을 두고, 거기에서 가치와 의미의 원천을 찾았던 것이다. 서양의 건축이 내적 구성, 폐쇄적 조직을 강조한 객체의 형태를 추구했다면, 동양의 건축은 그보다 객체의 형태와 그것이 놓이는 상황 및 자연환경과의 어울림을 통해 미를 추구하였던 것이다.

동양의 목재 가구법(낱낱의 재료를 조립하여 구조물을 만드는 법)에 의한 건축 구성 양식에서 '사이'의 중요성을 알 수 있다. 이 양식은 조적식(돌·벽돌 따위를 쌓아 올리는 건축 방식)보다 환경에 개방적이고, 우기에도 환기를 좋게 할 뿐 아니라 내·외부 공간의 차단을 거부하고 자연과의 대화를 늘 강조한다. 그로 인해 건축이 무대나 액자를 설정하고 자연이 끝을 내 주는 기분을 느끼게 한다.

① 동양과 서양 건축의 차이를 요소들 간의 관련성으로 설명하고 있다.
② 동양의 건축 재료로 석재보다 목재가 많이 쓰인 이유를 알 수 있다.
③ 한국 건축에서 '사이'의 개념은 공간, 시간, 인간 모두를 포함하고 있다.
④ 동양의 건축은 자연환경에 개방적이지만 인공 조형물에 대해서는 폐쇄적이다.

24. 다음 글의 괄호 안에 들어갈 말로 가장 적절한 것은?

> 우리는 대체로 머리끝에서 발끝까지를 서양식(西洋式)으로 꾸미고 있다. "목은 잘라도 머리털은 못 자른다."라고 하던 구한말(舊韓末)의 비분강개(悲憤慷慨)를 잊은 지 오래다. 외양(外樣)뿐 아니라, 우리가 신봉(信奉)하는 종교(宗敎), 우리가 따르는 사상(思想), 우리가 즐기는 예술(藝術), 이 모든 것이 대체로 서양적(西洋的)인 것이다.
>
> 우리가 연구하는 학문(學問) 또한 예외가 아니다. 피와 뼈와 살을 조상(祖上)에게서 물려받았을 뿐, 문화(文化)라고 일컬을 수 있는 거의 모든 것이 서양(西洋)에서 받아들인 것들인 듯싶다. 이러한 현실(現實)을 앞에 놓고서 민족 문화(民族文化)의 전통(傳統)을 찾고 이를 계승(繼承)하고자 한다면, 이것은 편협(偏狹)한 배타주의(排他主義)나 국수주의(國粹主義)로 오인(誤認)되기에 알맞은 이야기가 될 것 같다.
>
> 그러면 민족 문화의 전통을 말하는 것이 반드시 보수적(保守的)이라는 멍에를 메어야만 하는 것일까? 이 문제(問題)에 대한 올바른 해답(解答)을 얻기 위해서는, 전통이란 어떤 것이며, 또 (　　　)를 살펴보아야 할 것이다.

① 전통은 서구 문화와 어떤 관계를 맺고 있는가
② 전통은 어떻게 계승되어 왔는가
③ 전통은 앞으로 어떤 변화를 겪을 것인가
④ 전통은 서구 문화와 어떤 차이가 있는가

25. 다음 중 괄호 안의 한자어가 적절히 사용된 것은?

① 가상(假像)현실에서는 실제로 경험할 수 없는 체험을 할 수 있다.
② 가시(可示)적인 성과보다는 내실이 중요하다.
③ 그의 작품에는 다양한 인생 편력(遍歷)이 드러나 있다.
④ 그 이야기는 과장(誇長) 없는 사실이다.

✎ **컴퓨터일반**

1. UNIX 명령어 ls −l을 수행했을 때의 결과에 대한 설명으로 알맞지 않은 것은?

```
-rwxr-xr-- 2  peter  staff   3542 8월 31일 10:00 aaash
```

① peter라는 사용자는 aaash 파일을 수정할 수 있다.
② staff 그룹 사용자는 aaash 파일을 실행할 수 있다.
③ aaash 파일은 심볼릭 링크(symbolic link)가 2개 있다.
④ 다른 사용자도 이 파일의 내용을 볼 수 있다.

2. 리눅스 운영체제에 대한 설명으로 알맞지 않은 것은?

① 리눅스는 마이크로 커널(micro kernel) 방식으로 구현되었으며 커널 코드의 임의의 기능들을 동적으로 적재(load)하여 사용할 수 있다.
② 리눅스 커널 2.6 버전의 스케쥴러는 임의의 프로세스를 선점할 수 있으며 우선순위 기반 알고리즘이다.
③ 리눅스 운영체제는 윈도우 파일 시스템인 NTFS와 저널링 파일 시스템인 JFFS를 지원한다.
④ 리눅스는 다중 사용자와 다중 프로세서를 지원하는 다중 작업형 운영체제이다.

3. 다음 중 객체지향 언어의 특징으로 알맞지 않은 것은?

① 상속성
② 다형성
③ 구조화
④ 추상화

4. 다음 중 시스템 소프트웨어로 알맞지 않은 것은?

① 윈도우 XP
② 리눅스
③ 워드프로세서
④ 컴파일러

5. 운영체제에서 교착상태(deadlock)가 발생할 필요조건으로 알맞지 않은 것은?

① 환형대기(circular wait) 조건으로 각 프로세스는 순환적으로 다음 프로세스가 요구하는 자원을 가지고 있다.

② 선점(preemption) 조건으로 프로세스가 소유하고 있는 자원은 다른 프로세스에 의해 선점될 수 있다.

③ 점유대기(hold and wait) 조건으로 프로세스는 할당된 자원을 가진 상태에서 다른 자원을 기다린다.

④ 상호배제(mutual exclusion) 조건으로 프로세스들은 필요로 하는 자원에 대해 배타적인 통제권을 갖는다.

6. 주기억장치에서 사용가능한 부분은 다음과 같다. M1은 16KB(kilobyte), M2는 14KB, M3는 5KB, M4는 30KB이며 주기억장치의 시작 부분부터 M1, M2, M3, M4 순서가 유지되고 있다. 이 때 13KB를 요구하는 작업이 최초적합(First Fit) 방법, 최적적합(Best Fit) 방법, 최악적합(Worst Fit) 방법으로 주기억장치에 각각 배치될 때 결과로 옳은 것은? (단, 배열순서는 왼쪽에서 첫 번째가 최초적합 결과이며 두 번째가 최적적합 결과 그리고 세 번째가 최악적합 결과를 의미)

① M1, M2, M3　　　　② M1, M2, M4

③ M2, M1, M4　　　　④ M4, M2, M3

7. Windows 7에서 프린터 설정에 관한 설명으로 옳지 않은 것은?

① 기본 프린터는 오직 1대만 설정할 수 있다.

② 네트워크 프린터는 기본 프린터로 설정할 수 없다.

③ 한 대의 프린터를 여러 대의 컴퓨터에서 네트워크로 공유 가능하다.

④ [네트워크 설정 마법사]를 통해 파일 및 프린터도 공유할 수 있다.

8. 운영체제는 일괄처리(batch), 대화식(interactive), 실시간(real–time)시스템 그리고 일괄처리와 대화식이 결합된 혼합(hybrid) 시스템 등으로 분류될 수 있다. 이와 같은 분류 근거로 가장 알맞은 것은?

① 고급 프로그래밍 언어의 사용 여부

② 응답 시간과 데이터 입력 방식

③ 버퍼링(buffering) 기능 수행 여부

④ 데이터 보호의 필요성 여부

9. 다음 그래프를 너비 우선 탐색(BFS ; Breadth First Search), 깊이 우선 탐색(DFS ; Depth First Search) 방법으로 방문할 때 각 정점을 방문하는 순서로 옳은 것은? (단, 둘 이상의 정점을 선택할 수 있을 때는 알파벳 순서로 방문)

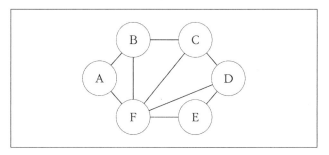

	BFS	DFS
①	A − B − F − C − E − D	A − B − C − D − E − F
②	A − B − C − D − E − F	A − B − F − C − E − D
③	A − B − F − C − D − E	A − B − C − D − E − F
④	A − B − C − D − E − F	A − B − C − D − F − E

10. SQL에서는 데이터베이스 검색의 성능 및 편의 향상을 위하여 내장함수를 제공한다. 다음 중 SQL의 내장 집계함수(aggregate function)가 아닌 것은?

① COUNT　　　　② SUM

③ TOTAL　　　　④ MAX

11. 다음의 CPM(Critical Path Method) 소작업 리스트에서 작업 C의 가장 빠른 착수일(earliest start time), 가장 늦은 착수일(latest start time), 여유 기간(slack time)을 순서대로 나열한 것은?

〈표〉 CPM 소작업 리스트

소작업	선행 작업	소요 기간(일)
A	없음	15
B	없음	10
C	A, B	10
D	B	25
E	C	15

① 15일, 15일, 0일　　　　② 10일, 15일, 5일

③ 10일, 25일, 5일　　　　④ 15일, 25일, 0일

12. 다음은 스택을 이용한 0-주소 명령어 프로그램이다. 이 프로그램이 수행하는 계산으로 옳은 것은?

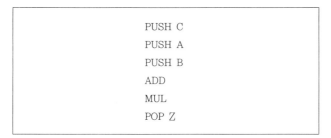

```
PUSH C
PUSH A
PUSH B
ADD
MUL
POP Z
```

① Z = C + A * B   ② Z = (A + B) * C

③ Z = B + C * A   ④ Z = (C + B) * A

13. 트랜잭션의 특성과 이에 대한 설명으로 옳지 않은 것은?

① 원자성(atomicity) : 트랜잭션은 완전히 수행되거나 전혀 수행되지 않아야 한다.

② 일관성(consistency : 트랜잭션을 완전히 실행하면 데이터베이스를 하나의 일관된 상태에서 다른 일관된 상태로 바꿔야 한다.

③ 고립성(isolation) : 하나의 트랜잭션의 실행은 동시에 실행 중인 다른 트랜잭션의 간섭을 받아서는 안 된다.

④ 종속성(dependency) : 완료한 트랜잭션에 의해 데이터베이스에 가해진 변경은 어떠한 고장에도 손실되지 않아야 한다.

14. 다음의 다양한 진법으로 표현한 숫자들을 큰 숫자부터 나열한 것은?

```
㉠ F9₁₆              ㉡ 256₁₀
㉢ 11111111₂         ㉣ 370₈
```

① ㉠㉡㉢㉣   ② ㉡㉢㉠㉣

③ ㉢㉣㉠㉡   ④ ㉣㉠㉡㉢

15. 공개키(public key) 암호화 방식에 대한 설명으로 옳지 않은 것은?

① 공개키와 개인키로 이루어진다.

② 대표적 활용 예로는 전자서명이 있다.

③ 송수신자는 서로 다른 키를 사용한다.

④ 개인키는 메시지를 전송할 때 사용한다.

16. 비결정적 유한 오토마타(non-deterministic finite automata)에 대한 설명으로 옳지 않은 것은?

① 한 상태에서 전이 시 다음 상태를 선택할 수 있다.

② 입력 심볼을 읽지 않고도 상태 전이를 할 수 있다.

③ 어떤 비결정적 유한 오토마타라도 같은 언어를 인식하는 결정적 유한 오토마타(deterministic finite automata)로 변환이 가능하다.

④ 모든 문맥 자유 언어(context-free language)를 인식한다.

17. 서브넷 마스크(subnet mask)를 255.255.255.224로 하여 한 개의 C클래스 주소 영역을 동일한 크기의 8개 하위 네트워크로 나눴다. 분할된 네트워크에서 브로드캐스트를 위한 IP 주소의 오른쪽 8비트에 해당하는 값으로 옳은 것은?

① 0   ② 64

③ 159   ④ 207

18. 클라우드 컴퓨팅 서비스 모델과 이에 대한 설명이 바르게 짝지어진 것은?

㉠ 응용소프트웨어 개발에 필요한 개발 요소들과 실행 환경을 제공하는 서비스 모델로서, 사용자는 원하는 응용소프트웨어를 개발할 수 있으나 운영체제나 하드웨어에 대한 제어는 서비스 제공자에 의해 제한된다.

㉡ 응용소프트웨어 및 관련 데이터는 클라우드에 호스팅 되고 사용자는 웹 브라우저 등의 클라이언트를 통해 접속하여 응용소프트웨어를 사용할 수 있다.

㉢ 사용자 필요에 따라 가상화된 서버, 스토리지, 네트워크 등의 인프라 자원을 제공한다.

	IaaS	PaaS	SaaS
①	㉢	㉡	㉠
②	㉡	㉠	㉢
③	㉢	㉠	㉡
④	㉠	㉢	㉡

19. 다음 C 언어로 작성된 프로그램의 실행 결과에서 세 번째 줄에 출력되는 것은?

```
#include <stdio.h>
int func(int num) {
    if(num == 1)
        return 1;
    else
        return  num * func(num - 1);
}
int main() {
    int i;
    for(i = 5; i >= 0; i--) {
        if(i % 2 == 1)
            printf("func(%d) : %d\n", i, func(i));
    }
    return 0;
}
```

① func(3) : 6   ② func(2) : 2

③ func(1) : 1   ④ func(0) : 0

20. 연결리스트(linked list)의 'preNode' 노드와 그 다음 노드 사이에 새로운 'newNode' 노드를 삽입하기 위해 빈칸 ㉠에 들어갈 명령문으로 옳은 것은?

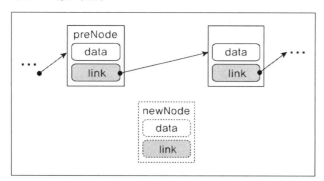

```
    …
    Node *newNode = (Node*)malloc(sizeof(Node));
    ┌──────────────────────────────┐
    │              ㉠              │
    └──────────────────────────────┘
    preNode → link = newNode;
    …
```

① newNode → link = preNode;

② newNode → link = preNode → link;

③ newNode → link → link = preNode;

④ newNode = preNode → link;

21. 다른 컴퓨터 시스템들과의 통신이 개방된 시스템 간의 연결을 다루는 OSI 모델에서 〈보기〉가 설명하는 계층은?

〈보기〉

물리적 전송 오류를 감지하는 기능을 제공하여 송·수신호스트가 오류를 인지할 수 있게 해주며, 컴퓨터 네트워크에서의 오류 제어(error control)는 송신자가 송신한 데이터를 재전송(retransmission)하는 방법으로 처리한다.

① 데이터 링크 계층

② 물리 계층

③ 전송 계층

④ 표현 계층

22. 해싱(hashing)에 대한 설명으로 옳지 않은 것은?

① 검색 속도가 빠르며 삽입, 삭제의 빈도가 높을 때 유리한 방식이다.

② 해싱기법에는 숫자 분석법(digit analysis), 제산법(division), 제곱법(mid-square), 접지법(folding) 등이 있다.

③ 충돌 시 오버플로(overflow) 해결의 부담이 과중하나, 충돌해결에 필요한 기억공간이 필요하지는 않다.

④ 오버플로(overflow)가 발생했을 때 해결기법으로 개방 주소법(open addressing)과 폐쇄 주소법(close addressing)이 있다.

23. 가상기억장치(virtual memory)에 대한 설명으로 가장 옳은 것은?

① 가상기억장치를 사용하면 메모리 단편화가 발생하지 않는다.

② 가상기억장치는 실기억장치로의 주소변환 기법이 필요하다.

③ 가상기억장치의 참조는 실기억장치의 참조보다 빠르다.

④ 페이징 기법은 가변적 크기의 페이지 공간을 사용한다.

24. 스키마 R(A, B, C, D)와 함수적 종속{A→B, A→C}을 가질 때 다음 중 BCNF 정규형은?

① S(A, B, C, D)

② S(A, B)와 T(A, C, D)

③ S(A, C)와 T(A, B, D)

④ S(A, B, C)와 T(A, D)

25. 다음 IPv4에 대한 설명 중 올바른 것은?

① 주소는 6바이트 크기로 되어 있다.

② 하나의 패킷에는 출발지주소와 목적지주소가 포함되어 있다.

③ 주소 공간은 3바이트 네트워크 주소 부분과 3바이트 호스트 주소 부분으로 나누어진다.

④ 스위치는 IPv4주소를 사용하여 해당 패킷이 어느 포트로 이동해야 할지 결정한다.

✎ 정보보호론

1. 다음에서 설명하는 공격방법은?

> 정보보안에서 사람의 심리적인 취약점을 악용하여 비밀정보를 취득하거나 컴퓨터 접근권한 등을 얻으려고 하는 공격방법이다.

① 스푸핑 공격   ② 사회공학적 공격

③ 세션 가로채기 공격   ④ 사전 공격

2. 능동적 보안 공격에 해당하는 것만을 모두 고른 것은?

> ㉠ 도청   ㉡ 감시
>
> ㉢ 신분위장   ㉣ 서비스 거부

① ㉠, ㉡   ② ㉠, ㉢

③ ㉡, ㉢   ④ ㉢, ㉣

3. 다음에서 설명하는 재해복구시스템의 복구 방식은?

> 재해복구센터에 주 센터와 동일한 수준의 시스템을 대기상태로 두어, 동기적 또는 비동기적 방식으로 실시간 복제를 통하여 최신의 데이터 상태를 유지하고 있다가, 재해 시 재해복구센터의 시스템을 활성화 상태로 전환하여 복구하는 방식이다.

① 핫 사이트(Hot Site)   ② 미러 사이트(Mirror Site)

③ 웜 사이트(Warm Site)   ④ 콜드 사이트(Cold Site)

4. 정보보안의 기본 개념에 대한 설명으로 옳지 않은 것은?

① Kerckhoff의 원리에 따라 암호 알고리즘은 비공개로 할 필요가 없다.

② 보안의 세 가지 주요 목표에는 기밀성, 무결성, 가용성이 있다.

③ 대칭키 암호 알고리즘은 송수신자 간의 비밀키를 공유하지 않아도 된다.

④ 가용성은 인가된 사용자에게 서비스가 잘 제공되도록 보장하는 것이다.

5. 공개키 기반 구조(PKI : Public Key Infrastructure)의 인증서에 대한 설명으로 옳은 것만을 모두 고른 것은?

> ㉠ 인증기관은 인증서 및 인증서 취소목록 등을 관리한다.
> ㉡ 인증기관이 발행한 인증서는 공개키와 공개키의 소유자를 공식적으로 연결해 준다.
> ㉢ 인증서에는 소유자 정보, 공개키, 개인키, 발행일, 유효기간 등의 정보가 담겨 있다.
> ㉣ 공인인증서는 인증기관의 전자서명 없이 사용자의 전자서명만으로 공개키를 공증한다.

① ㉠, ㉡
② ㉠, ㉢
③ ㉡, ㉢
④ ㉢, ㉣

6. 침입탐지시스템(IDS)의 탐지 기법 중 하나인 비정상행위(anomaly) 탐지 기법의 설명으로 옳지 않은 것은?

① 이전에 알려지지 않은 방식의 공격도 탐지가 가능하다.
② 통계적 분석 방법, 예측 가능한 패턴 생성 방법, 신경망 모델을 이용하는 방법 등이 있다.
③ 새로운 공격 유형이 발견될 때마다 지속적으로 해당 시그니처(signature)를 갱신해 주어야 한다.
④ 정상행위를 가려내기 위한 명확한 기준을 설정하기 어렵다.

7. 보안 해시 함수가 가져야 하는 성질 중 하나인 강한 충돌 저항성(strong collision resistance)에 대한 설명으로 옳은 것은?

① 주어진 해시 값에 대해 그 해시 값을 생성하는 입력 값을 찾는 것이 어렵다.
② 주어진 입력 값과 그 입력 값에 해당하는 해시 값에 대해 동일한 해시 값을 생성하는 다른 입력 값을 찾는 것이 어렵다.
③ 같은 해시 값을 생성하는 임의의 서로 다른 두 개의 입력 값을 찾는 것이 어렵다.
④ 해시 함수의 출력은 의사 난수이어야 한다.

8. 사용자 A와 B가 Diffie-Hellman 키 교환 알고리즘을 이용하여 비밀키를 공유하고자 한다. A는 3을, B는 2를 각각의 개인키로 선택하고, A는 B에게 21($= 7^3 \bmod 23$)을, B는 A에게 3($= 7^2 \bmod 23$)을 전송한다면 A와 B가 공유하게 되는 비밀키 값은? (단, 소수 23과 그 소수의 원시근 7을 사용한다.)

① 4
② 5
③ 6
④ 7

9. 「전자서명법」상 공인인증기관이 발급하는 공인인증서에 포함되어야 할 사항이 아닌 것은?

① 가입자의 전자서명검증정보
② 공인인증기관의 전자서명생성정보
③ 공인인증서의 유효기간
④ 공인인증기관의 명칭 등 공인인증기관임을 확인할 수 있는 정보

10. 서비스 거부 공격 방법이 아닌 것은?

① ARP spoofing
② Smurf
③ SYN flooding
④ UDP flooding

11. 다음 중 해시함수의 설명으로 옳은 것은?

① 입력은 고정길이를 갖고 출력은 가변길이를 갖는다.
② 해시함수(H)는 다대일(n : 1) 대응 함수로 동일한 출력을 갖는 입력이 두 개 이상 존재하기 때문에 충돌(collision)을 피할 수 있다.
③ 해시함수는 일반적으로 키를 사용하지 않는 MAC(Message Authentication Code) 알고리즘을 사용한다.
④ MAC는 데이터의 무결성과 데이터 발신지 인증 기능도 제공한다.

12. Diffie-Hellman 알고리즘은 비밀키를 공유하는 과정에서 특정 공격에 취약할 가능성이 존재한다. 다음 중 Diffie-Hellman 알고리즘에 가장 취약한 공격으로 옳은 것은?

① DDoS(Distributed Denial of Service) 공격

② 중간자 개입(Man-in-the-middle) 공격

③ 세션 하이재킹(Session Hijacking) 공격

④ 강제지연(Forced-delay) 공격

13. 다음은 공개키 기반 구조(PKI)에 대한 정의이다. 옳지 않은 것은?

① 네트워크 환경에서 보안 요구사항을 만족시키기 위해 공개키 암호화 인증서 사용을 가능하게 해 주는 기반 구조이다.

② 암호화된 메시지를 송신할 때에는 수신자의 개인키를 사용하며, 암호화된 서명 송신 시에는 송신자의 공개키를 사용한다.

③ 공개키 인증서를 발행하여 기밀성, 무결성, 인증, 부인방지, 접근 제어를 보장한다.

④ 공개키 기반 구조의 구성요소로는 공개키 인증서, 인증기관, 등록기관, 디렉터리(저장소), 사용자 등이 있다.

14. 가설사설망(VPN)이 제공하는 보안 서비스에 해당하지 않는 것은?

① 패킷 필터링

② 데이터 암호화

③ 접근제어

④ 터널링

15. 블록 암호는 평문을 일정한 단위(블록)로 나누어서 각 단위마다 암호화 과정을 수행하여 암호문을 얻는 방법이다. 블록암호 공격에 대한 설명으로 옳지 않은 것은?

① 선형 공격 : 알고리즘 내부의 비선형 구조를 적당히 선형화시켜 키를 찾아내는 방법이다.

② 전수 공격 : 암호화할 때 일어날 수 있는 모든 가능한 경우에 대해 조사하는 방법으로 경우의 수가 적을 때는 가장 정확한 방법이지만 일반적으로 경우의 수가 많은 경우에는 실현 불가능한 방법이다.

③ 차분 공격 : 두 개의 평문 블록들의 비트 차이에 대응되는 암호문 블록들의 비트 차이를 이용하여 사용된 키를 찾아내는 방법이다.

④ 수학적 분석 : 암호문에 대한 평문이 각 단어의 빈도에 관한 자료를 포함하는 지금까지 모든 통계적인 자료를 이용하여 해독하는 방법이다.

16. 윈도우즈에서 지원하는 네트워크 관련 명령어와 주요 기능에 대한 설명으로 옳지 않은 것은?

① route : 라우팅 테이블의 정보 확인

② netstat : 연결 포트 등의 네트워크 상태 정보 확인

③ tracert : 네트워크 목적지까지의 경로 정보 확인

④ nslookup : 사용자 계정 정보 확인

17. OWASP(The Open Web Application Security Project)에서 발표한 2013년도 10대 웹 애플리케이션 보안 위험 중 발생 빈도가 높은 상위 3개에 속하지 않는 것은?

① Injection

② Cross-Site Scripting

③ Unvalidated Redirects and Forwards

④ Broken Authentication and Session Management

18. 전자우편의 보안 강화를 위한 S/MIME(Secure/Multipurpose Internet Mail Extension)에 대한 설명으로 옳은 것은?

① 메시지 다이제스트를 수신자의 공개키로 암호화하여 서명한다.

② 메시지를 대칭키로 암호화하고 이 대칭키를 발신자의 개인키로 암호화한 후 암호화된 메시지와 함께 보냄으로써 전자우편의 기밀성을 보장한다.

③ S/MIME를 이용하면 메시지가 항상 암호화되기 때문에 S/MIME 처리 능력이 없는 수신자는 전자우편 내용을 볼 수 없다.

④ 국제 표준 X.509 형식의 공개키 인증서를 사용한다.

19. 국내 정보보호관리체계(ISMS)의 관리 과정 5단계 중 위험 관리 단계의 통제항목에 해당하지 않는 것은?

① 위험 관리 방법 및 계획 수립

② 정보보호 대책 선정 및 이행 계획 수립

③ 정보보호 대책의 효과적 구현

④ 위험 식별 및 평가

20. 공개키 기반 전자서명에서 메시지에 서명하지 않고 메시지의 해시 값과 같은 메시지 다이제스트에 서명하는 이유는?

① 공개키 암호화에 따른 성능 저하를 극복하기 위한 것이다.

② 서명자의 공개키를 쉽게 찾을 수 있도록 하기 위한 것이다.

③ 서명 재사용을 위한 것이다.

④ 원본 메시지가 없어도 서명을 검증할 수 있도록 하기 위한 것이다.

21. 보안 공격 유형 중 소극적 공격으로 옳은 것은?

① 트래픽 분석(traffic analysis)

② 재전송(replaying)

③ 변조(modification)

④ 신분 위장(masquerading)

22. 네트워크 공격에 대한 설명으로 옳지 않은 것은?

① Spoofing : 네트워크에서 송·수신되는 트래픽을 도청하는 공격이다.

② Session hijacking : 현재 연결 중인 세션을 가로채는 공격이다.

③ Teardrop : 네트워크 프로토콜 스택의 취약점을 이용한 공격 방법으로 시스템에서 패킷을 재조립할 때, 비정상 패킷이 정상 패킷의 재조립을 방해함으로써 네트워크를 마비시키는 공격이다.

④ Denial of Service : 시스템 및 네트워크의 취약점을 이용하여 사용 가능한 자원을 소비함으로써, 실제 해당 서비스를 사용하려고 요청하는 사용자들이 자원을 사용할 수 없도록 하는 공격이다.

23. 암호학적 해시 함수가 가져야 할 특성으로 옳지 않은 것은?

① 서로 다른 두 입력 메시지에 대해 같은 해시값이 나올 가능성은 있으나, 계산적으로 같은 해시값을 갖는 서로 다른 두 입력 메시지를 찾는 것은 불가능해야 한다.

② 해시값을 이용하여 원래의 입력 메시지를 찾는 것은 계산상으로 불가능해야 한다.

③ 입력 메시지의 길이에 따라 출력되는 해시값의 길이는 비례해야 한다.

④ 입력 메시지와 그 해시값이 주어졌을 때, 이와 동일한 해시값을 갖는 다른 메시지를 찾는 것은 계산상으로 불가능해야 한다.

24. 다음 내용에 해당하는 공개키 기반 구조(PKI)의 구성요소로 옳은 것은?

- 사용자에 대한 공개키 인증서를 생성하고 이를 발급한다.
- 필요 시 사용자 인증서에 대한 갱신 및 폐기 기능을 수행한다.
- 인증서 폐기 목록(certificate revocation list)을 작성한다.

① 사용자　　　　　　② 등록기관

③ 인증기관　　　　　④ 디렉토리

25. ㉠과 ㉡에 들어갈 용어로 옳은 것은?

(㉠)은(는) 디지털 콘텐츠를 구매할 때 구매자의 정보를 삽입하여 불법 배포 발견 시 최초의 배포자를 추적할 수 있게 하는 기술이다.
(㉡)은(는) 원본의 내용을 왜곡하지 않는 범위 내에서 사용자가 인식하지 못하도록 저작권 정보를 디지털 콘텐츠에 삽입하는 기술이다.

① ㉠ 크래커(Cracker)
　　㉡ 커버로스(Kerberos)
② ㉠ 크래커(Cracker)
　　㉡ 워터마킹(Watermarking)
③ ㉠ 핑거프린팅(Fingerprinting)
　　㉡ 커버로스(Kerberos)
④ ㉠ 핑거프린팅(Fingerprinting)
　　㉡ 워터마킹(Watermarking)

군무원

전산직
기출동형 모의고사

	영 역	국어, 컴퓨터일반, 정보보호론
제 2 회	문항수	75문항
	시 간	75분
	비 고	객관식 4지 택일형

제2회 기출동형 모의고사

✎ 국어

1. 밑줄 친 부분의 표준 발음으로 옳지 않은 것은?

① 길을 떠나기 전에 뱃속을 든든하게 채워 두자. – [배쏙]

② 시를 읽다 보면 마음이 편안해진다. – [일따]

③ 외래어를 표기할 때 받침에 '디'을 쓰지 않는다. – [디그슬]

④ 우리는 금융 위기를 슬기롭게 극복하였다. – [금늉]

2. 띄어쓰기가 바른 것은?

① 그 사고는 여러 가지 규칙을 도외시 하였기 때문이야.

② 사실상 여자 대 남자의 대리전으로 밖에는 보이지 않아.

③ 반드시 거기에 가겠다면 내키는 대로 행동해서는 안 돼.

④ 금연을 한 만큼 네 건강이 어느 정도까지 회복될 지 궁금해.

3. 다음 중 〈보기〉의 설명에 해당되지 않는 단어는?

〈보기〉
접미사는 품사를 바꾸거나 자동사를 타동사로 바꾸는 기능을 한다.

① 보기
② 낯섦
③ 낮추다
④ 꽃답다

4. 다음 내용에 부합하는 사자성어는?

다양한 의견을 지닌 사회의 주체들이 서로 어우러지면서도 개개인의 의견을 굽혀 야합하지 않는 열린 토론의 장을 만들자.

① 동기상구(同氣相求)

② 화이부동(和而不同)

③ 동성이속(同聲異俗)

④ 오월동주(吳越同舟)

5. 로마자 표기법이 옳지 않은 것은?

① 춘천 – Chuncheon

② 밀양 – Millyang

③ 청량리 – Cheongnyangni

④ 예산 – Yesan

6. 밑줄 친 어휘 중 표준어가 아닌 것은?

① 그는 얼금얼금한 얼굴에 콧망울을 벌름거리면서 웃음을 터뜨렸다.

② 그 사람 눈초리가 아래로 축 처진 것이 순하게 생겼어.

③ 무슨 일인지 귓밥이 훅 달아오르면서 목덜미가 저린다.

④ 등산을 하고 났더니 장딴지가 땅긴다.

7. 다음 글을 고쳐 쓰기 위한 생각으로 적절하지 않은 것은?

창의적 사고는 기존의 사고방식을 ㉠돌파하는 데서 출발한다. 기본적으로 기존의 이론과 법칙을 비판적으로 살펴보고 자신만의 독창적 아이디어를 만들어 내는 일이 중요하다. ㉡그러나 이러한 창의적 사고가 단순히 개인의 독특함에서만 비롯되는 것은 아니다. 더욱 중요한 것은 창의적 사고가 사회적·문화적 환경과 적절한 교육을 통해 ㉢길러진다. 따라서 ㉣자신의 창의성을 계발하기 위해 주변의 사물을 비판적이고 새로운 시각으로 보는 노력을 게을리해서는 안 된다.

① ㉠ : 단어의 쓰임이 어색하므로 '탈피하는'으로 고친다.

② ㉡ : 앞뒤 문장을 자연스럽게 잇지 못하므로 '또한'으로 고친다.

③ ㉢ : 주술 호응이 되지 않으므로 '길러진다는 점이다'로 고친다.

④ ㉣ : 주장을 포괄하지 못하므로 '환경과 교육의 중요성'을 강조하는 내용으로 고친다.

8. 다음 중 고유어의 뜻풀이가 옳지 않은 것은?

① 노느매기 : 물건을 여러 몫으로 나누는 일

② 비나리치다 : 갑자기 내린 비를 피하려고 허둥대다.

③ 가리사니 : 사물을 판단할 수 있는 지각이나 실마리

④ 던적스럽다 : 하는 짓이 보기에 매우 치사하고 더러운 데
가 있다.

9. 다음 중 괄호 안에 들어갈 말로 가장 적절한 것은?

> '•'가 현대 국어에서 더 이상 사용되지 않고, '믈[水]'이 현대
> 국어에 와서 '물'로 형태가 바뀌었으며, '어리다'가 '어리석다[愚]'
> 로 쓰이다가 현대 국어에 와서 '나이가 어리다[幼]'의 뜻으로
> 바뀌어 쓰이는 것 등과 같은 예에서 알 수 있는 언어의 특성을
> 언어의 (   )이라고 한다.

① 사회성   ② 역사성

③ 자의성   ④ 분절성

10. 훈민정음의 28 자모(字母) 체계에 들지 않는 것은?

① ㆆ   ② ㅿ

③ ㆌ   ④ ㅸ

11. 다음 시에 대한 설명으로 적절하지 않은 것은?

> 老主人의 腸壁에
> 無時로 忍冬 삼긴 물이 나린다.
>
> 자작나무 덩그럭 불이
> 도로 피여 붉고,
>
> 구석에 그늘 지여
> 무가 순 돌아 파릇하고,
>
> 흙냄새 훈훈히 김도 사리다가
> 바깥 風雪 소리에 잠착하다.
>
> 山中에 册曆도 없이
> 三冬이 하이얗다.
>
> ― 정지용, 「忍冬茶」 ―

① 산중의 고적한 공간이 배경이다.

② 시각적 대조의 방법이 사용되었다.

③ 한 폭의 그림과 같은 인상을 준다.

④ '잠착하다'는 '여러모로 고려하다'의 의미다.

12. 다음 〈보기〉의 속담과 가장 관련이 깊은 말은?

> 〈보기〉
> ㉠ 가물에 도랑 친다
> ㉡ 까마귀 미역 감듯

① 헛수고   ② 분주함

③ 성급함   ④ 뒷고생

13. 문맥에 따른 배열로 가장 적절한 것은?

> ㈎ 그러나 사람들은 소유에서 오는 행복은 소중히 여기면서 정
>   신적 창조와 인격적 성장에서 오는 행복은 모르고 사는 경
>   우가 많다.
> ㈏ 소유에서 오는 행복은 낮은 차원의 것이지만 성장과 창조적
>   활동에서 얻는 행복은 비교할 수 없이 고상한 것이다.
> ㈐ 부자가 되어야 행복해진다고 생각하는 사람은 스스로 부자
>   라고 만족할 때까지는 행복해지지 못한다.
> ㈑ 하지만 최소한의 경제적 여건에 자족하면서 정신적 창조와
>   인격적 성장을 꾀하는 사람은 얼마든지 차원 높은 행복을
>   누릴 수 있다.
> ㈒ 자기보다 더 큰 부자가 있다고 생각될 때는 여전히 불만과
>   불행에 사로잡히기 때문이다.

① ㈏ ― ㈑ ― ㈎ ― ㈐ ― ㈒

② ㈏ ― ㈎ ― ㈒ ― ㈑ ― ㈐

③ ㈐ ― ㈒ ― ㈑ ― ㈏ ― ㈎

④ ㈐ ― ㈑ ― ㈒ ― ㈎ ― ㈏

14. 〈보기〉에 이어질 내용으로 가장 적절한 것은?

〈보기〉

　조선시대 임꺽정에 관한 모든 기록은 그를 의적이 아니라 도둑으로 기록하고 있다. 『명종실록』은 물론 박동량의 『기제잡기』, 이익의 『성호사설』, 안정복의 『열조통기』, 이덕무의 『청장관전서』 등 임꺽정에 대해 언급한 모든 기록들에서 그는 도둑이다. 물론 이런 기록들은 모두 양반 계급이 서술한 것으로서 백정 출신인 그의 행위를 지지할 리 만무하다는 점은 감안해야할 것이다.

　그렇다면 홍명희는 왜 소설 『임꺽정』에서 그를 의적으로 그렸을까? 그 근거는 앞서 인용한 『명종실록』 사관의 "도적이 성행하는 것은 수령의 가렴주구 탓이며, 수령의 가렴주구는 재상이 청렴하지 못한 탓"이라는 분석 및 "윤원형과 심통원은 외척의 명문거족으로 물욕을 한없이 부려 백성의 이익을 빼앗는 데에 못하는 짓이 없었으니, 대도(大盜)가 조정에 도사리고 있는 셈이라"는 기술에서 찾을 수 있다.

① 임꺽정이 의적인지 도적인지 더 철저한 문헌 조사가 필요하다.

② 홍명희가 임꺽정을 지나치게 미화했던 것이다.

③ 도둑이든 의적이든 임꺽정이 실존 인물이라는 것은 틀림없다.

④ 가렴주구에 시달리던 백성들은 임꺽정을 의적으로 상상했을 것이다.

---

15. ㉠~㉣의 예를 추가할 때 가장 적절한 것은?

　논리학에서 비형식적 오류 유형에는 우연의 오류, 애매어의 오류, 결합의 오류, 분해의 오류 등이 있다.

　우선 ㉠우연의 오류란 거의 대부분의 경우에 적용되는 일반적인 원리나 규칙을 우연적인 상황으로 인해 생긴 예외적인 특수한 경우에까지도 무차별적으로 적용할 때 생기는 오류이다. 그 예로 "인간은 이성적인 동물이다. 중증 정신 질환자는 인간이다. 그러므로 중증 정신 질환자는 이성적인 동물이다."를 들 수 있다. ㉡애매어의 오류는 동일한 한 단어가 한 논증에서 맥락마다 서로 다른 의미를 지니는 것으로 사용될 때 생기는 오류를 말한다. "김 씨는 성격이 직선적이다. 직선적인 모든 것들은 길이를 지닌다. 고로 김 씨의 성격은 길이를 지닌다."가 그 예이다. 한편 각각의 원소들이 개별적으로 어떤 성질을 지니고 있다는 내용의 전제로부터 그 원소들을 결합한 집합 전체도 역시 그 성질을 지니고 있다는 결론을 도출하는 경우가 ㉢결합의 오류이고, 반대로 집합이 어떤 성질을 지니고 있다는 내용의 전제로부터 그 집합의 각각의 원소들 역시 개별적으로 그 성질을 지니고 있다는 결론을 도출하는 경우가 ㉣분해의 오류이다. 전자의 예로는 "그 연극단 단원들 하나하나가 다 훌륭하다. 고로 그 연극단은 훌륭하다."를, 후자의 예로는 "그 연극단은 일류급이다. 박 씨는 그 연극단 일원이다. 그러므로 박 씨는 일류급이다."를 들 수 있다.

① ㉠ - 모든 사람은 죽는다. 소크라테스는 사람이다. 그러므로 소크라테스는 죽는다.

② ㉡ - 부패하기 쉬운 것들은 냉동 보관해야 한다. 세상은 부패하기 쉽다. 고로 세상은 냉동 보관해야 한다.

③ ㉢ - 미국 아이스하키 선수단이 이번 올림픽에서 금메달을 차지했다. 그러므로 미국 선수 각자는 세계 최고 기량을 갖고 있다.

④ ㉣ - 그 학생의 논술 시험 답안은 탁월하다. 그의 답안에 있는 문장 하나하나가 탁월하기 때문이다.

16. 다음 글에서 알 수 없는 것은?

되새김 동물인 무스(moose)의 경우, 위에서 음식물이 잘 소화되게 하려면 움직여서는 안 된다. 무스의 위는 네 개의 방으로 나누어져 있는데, 위에서 나뭇잎, 풀줄기, 잡초 같은 섬유질이 많은 먹이를 소화하려면 꼼짝 않고 한곳에 가만히 있어야 하는 것이다. 한편, 미국 남서부의 사막 지대에 사는 갈퀴발도마뱀은 모래 위로 눈만 빼꼼 내놓고 몇 시간 동안이나 움직이지 않는다. 그렇게 있으면 따뜻한 모래가 도마뱀의 기운을 북돋아 준다. 곤충이 지나가면 도마뱀이 모래에서 나가 잡아먹을 수 있도록 에너지를 충전해 주는 것이다. 반대로 갈퀴발도마뱀의 포식자인 뱀이 다가오면, 그 도마뱀은 사냥할 기운을 얻기 위해 움직이지 않았을 때의 경험을 되살려 호흡과 심장 박동을 일시적으로 멈추고 죽은 시늉을 한다. 갈퀴발도마뱀은 모래 속에 몸을 묻고 움직이지 않기 때문에 수분의 손실을 줄이고 사막 짐승들의 끊임없는 위협에서 벗어날 수 있는 것이다.

① 무스가 움직이지 않는 것은 생존을 위한 선택이다.
② 무스는 소화를 잘 시키기 위해 식물을 가려먹는 습성을 가지고 있다.
③ 갈퀴발도마뱀은 움직이지 않는 방식으로 먹이를 구한다.
④ 갈퀴발도마뱀은 모래 속에 몸을 묻을 때 생존 확률을 높일 수 있다.

17. 〈보기〉에 대한 설명으로 가장 옳은 것은?

〈보기〉

내가 어렸을 때만 하더라도 미국의 어린이들은 원래 북아메리카에는 100만 명가량의 인디언밖에 없었다고 배웠다. 이렇게 적은 수라면 거의 빈 대륙이라고 할 수 있으므로 백인들의 정복을 정당화하는 데 유용했다. 그러나 고고학적인 발굴과 미국의 해안 지방을 처음 밟은 유럽인 탐험가들의 기록을 자세히 검토한 결과 인디언들이 처음에는 약 2000만 명에 달했다는 것을 알게 되었다. 신세계 전체를 놓고 보았을 때 콜럼버스가 도착한 이후 한두 세기에 걸쳐 인디언의 인구는 최대 95%가 감소했을 것으로 추정된다.

인디언들이 죽은 주된 요인은 구세계의 병원균이었다. 인디언들은 그런 질병에 노출된 적이 없었으므로 면역성이나 유전적인 저항력이 전혀 없었다. 살인적인 질병의 1위 자리를 놓고 다투었던 것은 천연두, 홍역, 인플루엔자, 발진티푸스 등이었고, 그것으로도 충분하지 않다는 듯 디프테리아, 말라리아, 볼거리, 백일해, 페스트, 결핵, 황열병 등이 그 뒤를 바싹 따랐다. 병원균이 보인 파괴력을 백인들이 직접 목격한 경우도 헤아릴 수 없이 많았다. 1837년 대평원에서 가장 정교한 문화를 가지고 있던 만단족 인디언들은 세인트루이스에서 미주리 강을 타고 거슬러 올라온 한 척의 증기선 때문에 천연두에 걸렸다. 만단족의 한 마을은 몇 주 사이에 인구 2000명에서 40명으로 곤두박질쳤다.

– 재레드 다이아몬드, 『총·균·쇠』 중에서

① 유럽은 신세계였고, 아메리카는 구세계였다.
② 인디언들은 구세계의 병원균에 대한 면역성이 없었다.
③ 만단족 인디언들의 인구 감소는 백인들의 무기 때문이었다.
④ 콜럼버스 이전에 북아메리카에는 100만 명가량의 인디언이 있었다.

18. 다음은 은유에 대한 아리스토텔레스의 정의이다. 이에 알맞은 예는?

아리스토텔레스는 '시학'에서 은유를 한 사물에서 다른 사물로 전이하는 것으로 정의하고, 은유에 의해 시적인 언어가 일상 언어로부터 분리된다고 하였다. 이후 은유는 여러 학자들에 의해 미적 혹은 수사적 목적의 수단으로, 동일시되는 개체와의 유사성에 기초한다고 정리되었다.

아테네에서 자동차를 타고 180여 킬로미터(km)의 산길을 꼬박 세 시간 동안 달렸다. 티바와 리바디아를 지나자 파르나소스 산(해발 2457 m)이 나타난다. 델피가 있는 곳이다. ㉠험준한 바위 벼랑에 동굴들이 보이고, 나무도 없이 군데군데 피어 있는 야생화만이 ㉡어딘가에서 피어오르는 듯한 세월의 깊이를 보여 준다. 6월인데도 산 정상에 남아 있는 흰 눈은 지나가는 흰 구름의 다리를 잡은 채, 서로 서로 옛이야기와 아테네의 최신 정보를 교환하고 있는 듯하다. 산 중턱에 걸려 있는 안개는 어딘지 신성한 기운을 느끼게 해 준다. 이름 모를 새들이 둥지를 틀고 지저귄다. 이제는 사라져버린 ㉢신탁의 소리를 대신하기라도 하는 듯한 새소리가 델피 산기슭을 떠다닌다.

… (중략) …

고대 그리스 세계에서 델피, ㉣그곳은 세상의 배꼽이었다. 천국과 지상이 만나는 곳이고, 성과 속, 현실과 신화가 넘나드는 곳이었다. 델피 입구에는 옴파로스의 돌 모형이 놓여 있다. 아폴로 신은 세상의 중심을 잡기 위해 두 마리의 독수리를 각각 반대 방향으로 날려 보냈다. 독수리들은 끝없는 창공을 날고 날아서 델피의 옴파로스에서 기진맥진한 상태로 다시 만났다. 둥근 지구를 돌아온 것이다.

① ㉠
② ㉡
③ ㉢
④ ㉣

19. 다음 시조들 중 창작 의도가 나머지 셋과 다른 하나는?

(가) 청산은 어이하여 만고에 푸르르며 / 유수는 어찌하여 주야에 긋지 아니는고 / 우리도 그치지 말고 만고상청 하리라

(나) 어버이 사라신 제 셤길일란 다 하여라. / 디나간 후면 애닯다 엇디 하리 / 평생에 곳텨 못할 일이 잇뿐인가 하노라.

(다) 노래 삼긴 사람 시름도 하도 할샤 / 일러 다 못 일러 불러나 푸돗던가 / 진실로 풀릴 것이면은 나도 불러 보리라.

(라) 내해 죠타 하고 남 슬흔 일 하지 말며 / 남이 한다 하고 義 아니면 좃지 말니 / 우리는 天性을 직희여 삼긴 대로 하리라.

① (가)
② (나)
③ (다)
④ (라)

20. 다음 글의 ( ) 안에 들어갈 적절한 문장은?

이십 세기 한국의 지성인의 지적 행위는 그들이 비록 한국인이라는 동양의 인종의 피를 받고 있음에도 불구하고 대체적으로 서양이 동양을 해석하는 그러한 틀 속에서 이루어졌다. 그러나 그 역방향 즉 동양이 서양을 해석하는 행위는 실제적으로 부재해 왔다. 이러한 부재 현상의 근본 원인은 매우 단순한 사실에 기초한다. 동양이 서양을 해석한다고 할 때에 그 해석학적 행위의 주체는 동양이어야만 한다. 동양은 동양이다라는 토톨러지(tautology)나 동양은 동양이어야 한다라는 당위 명제가 성립하기 위해서는 ( ). 우리는 동양을 너무도 몰랐다. 동양이 왜 동양인지, 왜 동양이 되어야만 하는지 아무도 대답을 할 수가 없었다. 동양은 버려야 할 그 무엇으로서만 존재 의미를 지녔다. 즉, 서양의 해석이 부재한 것이 아니라 서양을 해석할 동양이 부재했다.

– 김용옥, 동양학 어떻게 할 것인가 –

① 동양인인 나는 동양을 알아야 한다.
② 우선 동양인은 서양을 알아야 한다.
③ 동양인은 동양인다워야 한다.
④ 서양인은 동양인을 인정해야만 한다.

21. 다음 글의 내용과 부합하지 않는 것은?

김정호는 조선 후기에 발달했던 군현지도, 방안지도, 목판지도, 칠첩식지도, 휴대용지도 등의 성과를 독자적으로 종합하고, 각각의 장점을 취하여 대동여지도를 만들었다. 대동여지도의 가장 뛰어난 점은 조선 후기에 발달했던 대축척지도의 두 계열, 즉 정상기의 동국지도 이후 민간에서 활발하게 전사되었던 전국지도·도별지도와 국가와 관아가 중심이 되어 제작했던 상세한 군현지도를 결합하여 군현지도 수준의 상세한 내용을 겸비한 일목요연한 대축척 전국지도를 만든 것이다.

대동여지도가 많은 사람에게 애호를 받았던 가장 큰 이유는 목판본 지도이기 때문에 일반에게 널리 보급될 수 있었으며, 개인적으로 소장, 휴대, 열람하기에 편리한 데에 있었다. 국가적 차원에서는 18세기에 상세한 지도가 만들어졌다. 그러나 그 지도는 일반인들은 볼 수도, 이용할 수도 없는 지도였다. 김정호는 정밀한 지도의 보급이라는 사회적 욕구와 변화를 인식하고 그것을 실현하였던 측면에서 더욱 빛을 발한다. 그러나 흔히 생각하듯이 아무런 기반이 없는 데에서 혼자의 독자적인 노력으로 대동여지도와 같은 훌륭한 지도를 만들었던 것은 아니다. 비변사와 규장각 등에 소장된 이전 시기에 작성된 수많은 지도들을 검토하고 종합한 결과인 것이다.

① 대동여지도는 일반 대중이 보기 쉽고 가지고 다니기 편하게 만들었다.
② 대동여지도가 만들어진 토대에는 이전 시기에 만들어진 갖가지 지도가 있었다.
③ 대동여지도는 목판본으로 만들어진 지도여서 다량으로 제작, 배포될 수 있었다.
④ 대동여지도는 정밀한 지도 제작이라는 국가 과제를 김정호가 충실히 수행해 만들었다.

22. 밑줄 친 부분을 바르게 고쳐 쓴 것으로 가장 적절한 것은?

결국 해결책은 새로운 일자리를 만들어 내는 데 달려 있다. 정부와 기업들이 머리를 싸매고 효율적인 방안을 마련해야 한다.

① 해결책은 새로운 일자리를 만들어 내는 것이다.
② 해결책은 새로운 일자리를 만들어 내는지 여부이다.
③ 해결책은 새로운 일자리를 만들어 내느냐이다.
④ 해결책은 새로운 일자리를 만들어 내느냐에 달려 있다.

23. 신경숙의 '엄마를 부탁해'를 읽고 쓴 비평이다. 문학 이해의 방법 중 가장 가까운 것은?

상실의 시대, 모태 회귀 본능은 각박한 현실에 안주하지 못하는 결핍의 현대인들의 동경의 세계를 표현하였다. 이 책은 불행해진 현대사회의 가족에서, 현대사회에 방점을 찍고 현대사회 이전의 가족 형태로의 향수를 일으켰다.

① 반영론적 관점
② 효용론적 관점
③ 표현론적 관점
④ 구조론적 관점

24. 다음 밑줄 친 부분에 등장하는 '화살'과 '시위'의 비유 대상으로 가장 적절한 것은?

그때 성을 완전히 점령한 여러 장수들이 달려와 조조에게 성 안으로 들기를 청했다. 조조가 막 성 안으로 들어가는데 창칼을 든 군사들이 한 사람을 에워싸고 끌어왔다. 조조가 보니 바로 진림이었다. 전에 원소 아래에서 조조를 꾸짖는 저 유명한 격문을 쓴 적이 있어 그 죄를 크게 본 군사들이 특히 사로잡아 끌고 오는 길이었다. "그대는 전에 격문을 쓰면서 나의 죄만을 따질 것이지 어찌하여 내 아버지와 할아버지에게까지 욕이 미치게 했는가?" 조조가 짐짓 매서운 얼굴로 물었다. 진림이 태연하게 대답했다. "화살은 시위에 올려진 이상 날아가지 않을 수 없는 법입니다." 진림의 그 같은 대답에 조조를 둘러싸고 있던 장수들이 먼저 술렁거렸다. "저 자는 원소를 위해 승상의 조상까지 욕한 자입니다. 죽여서 본보기를 삼아야 합니다." 장수들이 입을 모아 그렇게 권했다. 그러나 조조는 진림의 글재주가 아까웠다. 잠깐 생각하다 조용히 물었다. "나는 너와 너의 글을 이번에는 내 활시위에 얹으려 한다. 원소를 위해 했던 것처럼 나를 위해서도 날카로운 화살이 되어 주겠느냐?", "승상께서 써 주신다면 재주를 다해 받들 뿐입니다." 그렇게 대답하니 조조는 그를 용서하고 종사로 삼았다.

〈화살〉 – 〈시위〉
① 격문 – 재주
② 원소 – 진림
③ 목표 – 상황
④ 진림 – 원소

25. 다음 글의 (   )에 들어갈 어구로 적절한 것은?

> 밤낮 사흘을 지키고 앉았던 어머니는 아이가 운명하는 것을 보고 애 아버지를 부르러 집에 다녀왔다. 그 동안에 죽은 애는 사망실로 옮겨가 있었다. 부모는 간호부더러 사망실을 알려 달라고 했다.
> "사망실은 쇠 다 채우고 아무도 없으니까 가보실 필요가 없어요."하고 간호부는 톡 쏘아 말한다. 퍽 싫증나는 듯한 목소리였다.
> "아니, 그 애를 혼자 두고 방에 쇠를 채워요?"하고 묻는 어머니의 목소리는 떨렸다.
> "죽은 애 혼자 두면 어때요?"하고 다시 톡 쏘는 간호부의 말소리는 얼음같이 싸늘했다.
> 이야기는 간단히 이것이다. 그러나 나는 그때 몸서리쳐짐을 금할 수가 없었다.
> "죽은 애를 혼자 둔들 뭐가 그리 잘못이겠는가!"
> 사실인즉 그렇다. 그러나 그것을 염려하는 어머니의 심정! 이 숭고한 감정에 동조할 줄 모르는 간호부가 나는 미웠다. 그렇게까지도 간호부는 기계화되었는가?
> 나는 (   ) 더 사랑한다. 과학상으로 볼 때 죽은 애를 혼자 두는 것이 조금도 틀릴 것이 없다. 그러나 어머니로서 볼 때는…… 더 써서 무엇하랴! '어머니'를 이해하고 동정할 줄 모르는 간호부! 그의 그 과학적 냉정이 나는 몹시도 미웠다.

① 문명한 기계보다 야만인 기계를
② 문명한 기계보다 문명한 인생을
③ 문명한 기계보다 야만인 인생을
④ 야만인 기계보다 문명한 기계를

✎ **컴퓨터일반**

1. 마이크로 연산(operation)에 대한 설명으로 옳지 않은 것은?

① 한 개의 클럭 펄스 동안 실행되는 기본 동작이다.
② 한 개의 마이크로 연산 수행시간을 마이크로 사이클 타임이라 부르며 CPU 속도를 나타내는 척도로 사용된다.
③ 하나의 명령어는 항상 하나의 마이크로 연산이 동작되어 실행된다.
④ 시프트(shift), 로드(load) 등이 있다.

2. 회사에서 211.168.83.0(클래스 C)의 네트워크를 사용하고 있다. 내부적으로 5개의 서브넷을 사용하기 위해 서브넷 마스크를 255.255.255.224로 설정하였다. 이때 211.168.83.34가 속한 서브넷의 브로드캐스트 주소는 어느 것인가?

① 211.168.83.15   ② 211.168.83.47
③ 211.168.83.63   ④ 211.168.83.255

3. 해시(hash) 탐색에서 제산법(division)은 키(key) 값을 배열(array)의 크기로 나누어 그 나머지 값을 해시 값으로 사용하는 방법이다. 다음 데이터의 해시 값을 제산법으로 구하여 11개의 원소를 갖는 배열에 저장하려고 한다. 해시 값의 충돌(collision)이 발생하는 데이터를 열거해 놓은 것은?

111, 112, 113, 220, 221, 222

① 111, 112   ② 112, 222
③ 113, 221   ④ 220, 222

4. 데이터베이스 설계 시에 양질의 데이터베이스를 구축하기 위하여 데이터베이스 릴레이션을 정규화한다. 이때 고려해야 할 사항과 가장 관련이 없는 것은?

① 원하지 않는 데이터의 중복을 제거한다.
② 원하지 않는 데이터의 종속을 제거한다.
③ 한 릴레이션 내의 속성들 간의 관계를 고려한다.
④ 한 릴레이션 내의 튜플들 간의 관계를 고려한다.

5. 웹 애플리케이션을 개발하기 위한 스크립트 언어 중 성격이 다른 것은?

① Javascript   ② JSP

③ ASP   ④ PHP

6. 다음의 논리 연산식을 간략화한 논리회로는?

$$(A+B)(A+\overline{B})(\overline{A}+B)$$

①

②

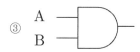

③

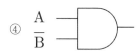

④

7. 여덟 개의 페이지(0 ~ 7페이지)로 구성된 프로세스에 네 개의 페이지 프레임이 할당되어 있고, 이 프로세스의 페이지 참조 순서는 다음과 같다. 이 경우 LRU 페이지 교체 알고리즘을 적용할 때 페이지 적중률(hit ratio)은 얼마인가? (단, 다음의 숫자는 참조하는 페이지번호를 나타내고, 최초의 페이지 프레임은 모두 비어있다고 가정)

> 1, 0, 2, 2, 2, 1, 7, 6, 7, 0, 1, 2

① $\dfrac{5}{12}$ ② $\dfrac{6}{12}$

③ $\dfrac{7}{12}$ ④ $\dfrac{8}{12}$

8. 다음의 설명에 해당하는 네트워크 장비는?

- OSI 계층 모델의 네트워크 계층에서 동작하는 장비이다.
- 송신측과 수신측 간의 가장 빠르고 신뢰성 있는 경로를 설정·관리하며, 데이터를 전달하는 역할을 한다.
- 주로 같은 프로토콜을 사용하는 네트워크간의 최적경로 설정을 위해 패킷이 지나가야 할 정보를 테이블에 저장하여 지정된 경로를 통해 전송한다.

① 게이트웨이(gateway)   ② 브리지(bridge)

③ 리피터(repeater)   ④ 라우터(router)

9. 다음 C 프로그램의 실행 결과로 옳은 것은?

```
void main()
{
    int a[4]={10, 20, 30};
    int *p = a;

    p++;
    *p++ = 100;
    *++p = 200;
    printf("a[0]=%d a[1]=%d a[2]=%dWn",
        a[0], a[1], a[2]);
}
```

① a[0]=10 a[1]=20 a[2]=30

② a[0]=10 a[1]=20 a[2]=200

③ a[0]=10 a[1]=100 a[2]=30

④ a[0]=10 a[1]=100 a[2]=200

10. 인터럽트 처리를 위한 다음의 작업이 올바로 나열된 것은?

㉠ 인터럽트 서비스 루틴을 수행한다.
㉡ 보관한 프로그램 상태를 복구한다.
㉢ 현재 수행 중인 명령을 완료하고 상태를 저장한다.
㉣ 인터럽트 발생 원인을 찾는다.

① ㉢→㉣→㉠→㉡

② ㉢→㉣→㉡→㉠

③ ㉣→㉢→㉠→㉡

④ ㉣→㉢→㉡→㉠

11. 다음의 순서도를 표현하는 문장 형식으로 알맞은 것은?

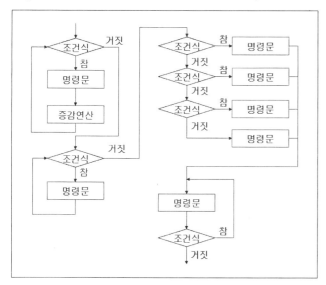

① for문 - while문 - case문 - do~while문

② do~while문 - for문 - 중첩조건문 - 조건문

③ for문 - do~while문 - 중첩조건문 - 조건문

④ do~while문 - 조건문 - case문 - while문

12. 주어진 연도가 윤년인지를 판단하고자 한다. 연도가 400으로 나누어떨어지거나, 4로 나누어떨어지면서 100으로 나누어떨어지지 않으면 윤년이다. C언어에서 윤년을 계산하는 조건식으로 알맞은 것은?

① 연도%4!=0 && 연도%100==0 || 연도%400!=0

② 연도%4==0 && 연도%100!=0 || 연도%400==0

③ 연도%4!=0 && 연도%100==0 && 연도%400!=0

④ 연도%4==0 && 연도%100!=0 && 연도%400==0

13. 10진수 $461_{(10)}$을 16진수로 나타낸 값으로 맞는 것은?

① $19A_{(16)}$ ② $1CD_{(16)}$

③ $1DB_{(16)}$ ④ $2DF_{(16)}$

14. 임의의 자료에서 최솟값 또는 최댓값을 구할 경우 가장 적합한 자료구조는?

① 이진탐색트리   ② 스택(stack)

③ 힙(heap)   ④ 해쉬(hash)

15. OSI 참조 모델에서 송·수신지의 IP 주소를 헤더에 포함하여 전송하는 논리주소 지정 기능과 송신지에서 수신지까지 데이터가 전송될 수 있도록 최단 전송 경로를 선택하는 라우팅 기능 등을 수행하는 계층으로 옳은 것은?

① 데이터링크 계층

② 네트워크 계층

③ 전송 계층

④ 세션 계층

16. 안드로이드에 대한 설명으로 옳지 않은 것은?

① 안드로이드는 구글이 중심이 되어 개발하는 휴대 단말기용 플랫폼이다.

② 일반적으로 안드로이드 애플리케이션의 네 가지 구성요소는 액티비티, 방송 수신자, 서비스, 콘텐츠 제공자이다.

③ 보안, 메모리 관리, 프로세스 관리, 네트워크 관리 등 핵심 서비스는 리눅스에 기초하여 구현되었다.

④ 콘텐츠 제공자는 UI 컴포넌트를 화면에 표시하고, 시스템이나 사용자의 반응을 처리할 수 있다.

17. 컴퓨터 시스템에 대한 설명으로 옳은 것은?

① 임베디드 시스템은 특정 기능을 수행하기 위해 설계된 컴퓨터 하드웨어와 소프트웨어 및 추가적인 기계 혹은 기타 부품들의 결합체이다.

② 클러스터 컴퓨팅 시스템에 참여하는 컴퓨터들은 다른 이웃노드와 독립적으로 동작하고 상호 연결되어 협력하지 않는다.

③ 불균일 기억장치 액세스(NUMA) 방식은 병렬 방식 중 가장 오래되었고, 여전히 가장 널리 사용된다.

④ Flynn의 분류에 따르면, MISD는 여러 프로세서들이 서로 다른 명령어들을 서로 다른 데이터들에 대하여 동시에 실행하는 것이다.

18. 다음 C 프로그램의 출력 값은?

```
#include <stdio h>

int recur(int a, int b)
{
  if (a <=1)
    return a * b;
  else
    return a * recur(a-1, b+1) + recur(a-1, b);
}

int main()
{
  int a=3, b=2;

  printf("%d\n", recur(a,b));
}
```

① 24   ② 30

③ 41   ④ 52

19. 명령어 파이프라이닝의 4단계에 속하지 않는 것은?

① 인터럽트   ② 명령어 실행

③ 명령어 인출   ④ 명령어 해독

20. 시스템 소프트웨어에 포함되지 않는 것은

① 스프레드시트(spreadsheet)

② 로더(loader)

③ 링커(linker)

④ 운영체제(operating system)

21. 다음 데이터베이스 스키마에 대한 설명으로 옳지 않은 것은? (단, 밑줄이 있는 속성은 그 릴레이션의 기본키를 화살표는 외래키 관계를 의미한다)

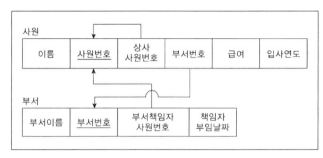

① 외래키는 동일한 릴레이션을 참조할 수 있다.

② 사원 릴레이션의 부서번호는 부서 릴레이션의 부서번호 값 중 하나 혹은 널이어야 한다는 제약조건은 참조무결성을 의미한다.

③ 신입사원을 사원 릴레이션에 추가할 때 그 사원의 사원번호는 반드시 기존 사원의 사원번호와 같지 않아야 한다는 제약 조건은 제1정규형의 원자성과 관계있다.

④ 부서 릴레이션의 책임자부임날짜는 반드시 그 부서책임자의 입사연도 이후이어야 한다는 제약조건을 위해 트리거 (trigger)와 주장(assertion)을 사용할 수 있다.

22. 데이터베이스 설계 과정에서 목표 DBMS의 구현 데이터 모델로 표현된 데이터베이스 스키마가 도출되는 단계는?

① 요구사항 분석 단계

② 개념적 설계 단계

③ 논리적 설계 단계

④ 물리적 설계 단계

23. OSI 7계층 중 브리지(bridge)가 복수의 LAN을 결합하기 위해 동작하는 계층은?

① 물리 계층   ② 데이터 링크 계층

③ 네트워크 계층   ④ 전송 계층

24. 객체지향 프로그래밍의 특징 중 상속 관계에서 상위 클래스에 정의된 메소드(method) 호출에 대해 각 하위 클래스가 가지고 있는 고유한 방법으로 응답할 수 있도록 유연성을 제공하는 것은?

① 재사용성(reusability)

② 추상화(abstraction)

③ 다형성(polymorphism)

④ 캡슐화(encapsulation)

25. 다음은 캐시 기억장치를 사상(mapping) 방식 기준으로 분류한 것이다. 캐시 블록은 4개 이상이고 사상 방식을 제외한 모든 조건이 동일하다고 가정할 때, 평균적으로 캐시 적중률(hit ratio)이 높은 것에서 낮은 것 순으로 바르게 나열한 것은?

> ㉠ 직접 사상(direct – mapped)
> ㉡ 완전 연관(fully – associative)
> ㉢ 2-way 집합 연관(set – associative)

① ㉠ – ㉡ – ㉢

② ㉡ – ㉢ – ㉠

③ ㉢ – ㉠ – ㉡

④ ㉠ – ㉢ – ㉡

1. 응용 계층 프로토콜에서 동작하는 서비스에 대한 설명으로 옳지 않은 것은?

① FTP : 파일전송 서비스를 제공한다.

② DNS : 도메인 이름과 IP 주소 간 변환 서비스를 제공한다.

③ POP3 : 메일 서버로 전송된 메일을 확인하는 서비스를 제공한다.

④ SNMP : 메일전송 서비스를 제공한다.

2. 「개인정보 보호법」상 용어 정의로 옳지 않은 것은?

① 개인정보 : 살아 있는 개인에 관한 정보로서 성명, 주민등록번호 및 영상 등을 통하여 개인을 알아볼 수 있는 정보(해당 정보만으로는 특정 개인을 알아볼 수 없더라도 다른 정보와 쉽게 결합하여 알아볼 수 있는 것을 포함한다)

② 정보주체 : 업무를 목적으로 개인정보파일을 운용하기 위하여 스스로 또는 다른 사람을 통하여 개인정보를 처리하는 공공기관, 법인, 단체 및 개인

③ 처리 : 개인정보의 수집, 생성, 연계, 연동, 기록, 저장, 보유, 가공, 편집, 검색, 출력, 정정, 복구, 이용, 제공, 공개, 파기, 그 밖에 이와 유사한 행위

④ 개인정보파일 : 개인정보를 쉽게 검색할 수 있도록 일정한 규칙에 따라 체계적으로 배열하거나 구성한 개인정보의 집합물

3. 다음 설명에 해당하는 OECD 개인정보보호 8원칙으로 옳은 것은?

> 개인정보는 이용 목적상 필요한 범위 내에서 개인정보의 정확성, 완전성, 최신성이 확보되어야 한다.

① 이용 제한의 원칙(Use Limitation Principle)

② 정보 정확성의 원칙(Data Quality Principle)

③ 안전성 확보의 원칙(Security Safeguards Principle)

④ 목적 명시의 원칙(Purpose Specification Principle)

4. 전자서명 방식에 대한 설명으로 옳지 않은 것은?

① 은닉 서명(blind signature)은 서명자가 특정 검증자를 지정하여 서명하고, 이 검증자만이 서명을 확인할 수 있는 방식이다.

② 부인방지 서명(undeniable signature)은 서명을 검증할 때 반드시 서명자의 도움이 있어야 검증이 가능한 방식이다.

③ 위임 서명(proxy signature)은 위임 서명자로 하여금 서명자를 대신해서 대리로 서명할 수 있도록 한 방식이다.

④ 다중 서명(multisignature)은 동일한 전자문서에 여러 사람이 서명하는 방식이다.

5. 현행 우리나라의 정보보호관리체계(ISMS) 인증에 대한 설명으로 옳지 않은 것은?

① 「정보통신망 이용촉진 및 정보보호 등에 관한 법률」에 근거를 두고 있다.

② 인증심사의 종류에는 최초심사, 사후심사, 갱신심사가 있다.

③ 인증에 유효기간은 정해져 있지 않다.

④ 정보통신망의 안정성 · 신뢰성 확보를 위하여 관리적 · 기술적 · 물리적 보호조치를 포함한 종합적 관리체계를 수립 · 운영하고 있는 자에 대하여 인증 기준에 적합한지에 관하여 인증을 부여하는 제도이다.

6. Linux system의 바이너리 로그파일인 btmp(솔라리스의 경우는 loginlog 파일)를 통해 확인할 수 있는 공격은?

① Password Dictionary Attack

② SQL Injection Attack

③ Zero Day Attack

④ SYN Flooding Attack

7. 공개키 기반구조(Public Key Infrastructure, PKI)를 위한 요소 시스템으로 옳지 않은 것은?

① 인증서와 인증서 폐지 목록을 공개하기 위한 디렉토리

② 사용자 신원을 확인하는 등록기관

③ 인증서 발행업무를 효율적으로 수행하기 위한 인증기관 웹 서버

④ 인증서를 발행 받는 사용자(최종 개체)

8. 공격자가 인터넷을 통해 전송되는 데이터의 TCP Header에서 검출할 수 없는 정보는 무엇인가?

① 수신 시스템이 처리할 수 있는 윈도우 크기

② 패킷을 송신하고 수신하는 프로세스의 포트 번호

③ 수신측에서 앞으로 받고자 하는 바이트의 순서 번호

④ 송신 시스템의 TCP 패킷의 생성 시간

9. 아래의 지문은 신문에서 발췌한 기사이다. 빈칸에 들어갈 단어로 적절한 것은?

> 취업준비생 김다정(28)씨는 지난 5월 7일 [   ] 공격으로 취업을 위해 모아뒀던 학습 및 준비 자료가 모두 암호화돼 버렸다.
> 컴퓨터 화면에는 암호를 알려주는 대가로 100달러(약 11만 5000원)를 요구하는 문구가 떴지만, 결제해도 데이터를 되찾을 수 없다는 지인의 조언에 데이터복구 업체를 통해 일부 자료만 복구해 보기로 했다. 그런데 업체를 통해 데이터 일부를 복구한지 하루 만인 지난 10일 또 다시 [   ] 공격을 받아 컴퓨터가 먹통이 돼 버렸다.

① 하트블리드(Heart bleed)

② 랜섬웨어(Ransomware)

③ 백오리피스(Back Orifice)

④ 스틱스넷(Stuxnet)

10. 다음 중 Cipher Block Chaining 운용 모드의 암호화 수식을 제대로 설명한 것은? (단, P_i는 i번째 평문 블록을, C_i는 i번째 암호문 블록을 의미한다.)

① $C_i = E_k(P_i)$

② $C_i = E_k(P_i \oplus C_{i-1})$

③ $C_i = E_k(C_{i-1}) \oplus P_i$

④ $C_i = E_k(P_i) \oplus C_{i-1}$

11. 가상사설망에서 사용되는 프로토콜이 아닌 것은?

① L2F

② PPTP

③ TFTP

④ L2TP

12. 메모리 영역에 비정상적인 데이터나 비트를 채워 시스템의 정상적인 동작을 방해하는 공격방식은?

① Spoofing

② Buffer overflow

③ Sniffing

④ Scanning

13. 위험분석 및 평가방법론 중 성격이 다른 것은?

① 확률 분포법

② 시나리오법

③ 순위결정법

④ 델파이법

14. 시스템과 관련한 보안기능 중 적절한 권한을 가진 사용자를 식별하기 위한 인증 관리로 옳은 것은?

① 세션 관리

② 로그 관리

③ 취약점 관리

④ 계정 관리

15. 무선랜을 보호하기 위한 기술이 아닌 것은?

① WiFi Protected Access Enterprise

② WiFi Rogue Access Points

③ WiFi Protected Access

④ Wired Equivalent Privacy

16. 무선랜의 보안 대응책으로 옳지 않은 것은?

① AP에 접근이 가능한 기기의 MAC 주소를 등록하고, 등록된 기기의 MAC 주소만 AP 접속을 허용한다.

② AP에 기본 계정의 패스워드를 재설정한다.

③ AP에 대한 DHCP를 활성화하여 AP 검색 시 SSID가 검색되도록 설정한다.

④ 802.1x와 RADIUS 서버를 이용해 무선 사용자를 인증한다.

17. 다음에서 설명하는 국제공통평가기준(CC)의 구성요소는?

> • 정보제품이 갖추어야 할 공통적인 보안 요구사항을 모아 놓은 것이다.
> • 구현에 독립적인 보안 요구사항의 집합이다.

① 평가보증등급(EAL)

② 보호프로파일(PP)

③ 보안목표명세서(ST)

④ 평가대상(TOE)

18. 재해복구시스템의 복구 수준별 유형에 대한 설명으로 옳은 것은?

① Warm site는 Mirror site에 비해 전체 데이터 복구 소요 시간이 빠르다.

② Cold site는 Mirror site에 비해 높은 구축 비용이 필요하다.

③ Hot site는 Cold site에 비해 구축 비용이 높고, 데이터의 업데이트가 많은 경우에 적합하다.

④ Mirror site는 Cold site에 비해 구축 비용이 저렴하고, 복구에 긴 시간이 소요된다.

19. 「개인정보의 기술적·관리적 보호조치 기준」상 정보통신서비스 제공자 등이 준수해야 하는 사항으로 옳지 않은 것은?

① 개인정보처리시스템에 주민번호, 계좌번호를 저장할 때 안전한 암호알고리듬으로 암호화한다.

② 개인정보처리시스템에 개인정보취급자의 권한 부여, 변경 또는 말소에 대한 내역을 기록하고, 그 기록을 최소 3년 간 보관한다.

③ 개인정보처리시스템에 대한 개인정보취급자의 접속이 필요한 시간 동안만 최대 접속시간 제한 등의 조치를 취한다.

④ 이용자의 비밀번호 작성규칙은 영문, 숫자, 특수문자 중 2종류 이상을 조합하여 최소 10자리 이상 또는 3종류 이상을 조합하여 최소 8자리 이상의 길이로 구성하도록 수립한다.

20. 「정보통신망 이용촉진 및 정보보호 등에 관한 법률」상 ㉠, ㉡에 들어갈 용어로 옳은 것은?

제23조의2(주민등록번호의 사용 제한)
① 정보통신서비스 제공자는 다음 각 호의 어느 하나에 해당하는 경우를 제외하고는 이용자의 주민등록번호를 수집·이용할 수 없다.
1. 제23조의3에 따라 (㉠)으로 지정받은 경우
2. 법령에서 이용자의 주민등록번호 수집·이용을 허용하는 경우
3. 영업상 목적을 위하여 이용자의 주민등록번호 수집·이용이 불가피한 정보통신서비스 제공자로서 (㉡)가 고시하는 경우

	㉠	㉡
①	개인정보처리기관	개인정보보호위원회
②	개인정보처리기관	방송통신위원회
③	본인확인기관	개인정보보호위원회
④	본인확인기관	방송통신위원회

21. 다음의 지문은 무엇을 설명한 것인가?

㉠ 전자금융거래에서 사용되는 단말기 정보, 접속 정보, 거래 내용 등을 종합적으로 분석하여 의심 거래를 탐지하고 이상금융거래를 차단하는 시스템이다.

㉡ 보안 프로그램에서 방지하지 못하는 전자금융사기에 대한 이상거래를 탐지하여 조치를 할 수 있도록 지원하는 시스템이다.

① MDM ② FDS
③ MDC ④ RPO

22. 다음 중 APT(Advanced Persistent Threat) 공격에 대한 설명 중 옳지 않은 것은?

① 사회 공학적 방법을 사용한다.

② 공격대상이 명확하다.

③ 가능한 방법을 총동원한다.

④ 불분명한 목적과 동기를 가진 해커 집단이 주로 사용한다.

23. 다음 중 메시지 인증 코드(MAC : Message Authentification Code)에 대한 설명 중 옳은 것은?

① 메시지 무결성을 제공하지는 못한다.

② 비대칭키를 이용한다.

③ MAC는 가변 크기의 인증 태그를 생성한다.

④ 부인 방지를 제공하지 않는다.

24. 다음 중 데이터베이스 관리자(Database Administrator)가 부여할 수 있는 SQL기반 접근권한 관리 명령어로 옳지 않은 것은?

① REVOKE   ② GRANT

③ DENY   ④ DROP

25. 스위칭 환경에서 스니핑(Sniffing)을 수행하기 위한 공격으로 옳지 않은 것은?

① ARP 스푸핑(Spoofing)

② ICMP 리다이렉트(Redirect)

③ 메일 봄(Mail Bomb)

④ 스위치 재밍(Switch Jamming)

군무원

전산직

기출동형 모의고사

	영 역	국어, 컴퓨터일반, 정보보호론
제 **3** 회	문항수	75문항
	시 간	75분
	비 고	객관식 4지 택일형

SEOWONGAK

(주)서원각

✏️ **국어**

1. 밑줄 친 말 중 표준어인 것은?

① <u>담쟁이덩쿨</u>은 가을에 아름답다.
② <u>벌러지</u>를 함부로 죽이면 안 돼.
③ 쇠고기는 <u>푸줏관</u>에서 팔고 있다.
④ 아이가 <u>고까옷</u>을 입고 뽐내고 있다.

2. 제시된 말의 표준 발음이 옳지 않은 것은?

① 이원론[이 : 원논]
② 동원령[동 : 원녕]
③ 임진란[임 : 진난]
④ 상견례[상 : 견녜]

3. 다음 중 어문규정에 맞게 표기된 것은?(띄어쓰기 포함)

① 그곳은 아직 한 겨울이라 날씨가 좋지 않다.
② 요즘 풀을 뽑고 마당을 늘리는 일에 재미가 붙었다.
③ 그 아이는 헬쑥한 얼굴로 침대 위에 누워 있었다.
④ 모인 사람의 수는 걷잡아도 50명은 충분히 넘어 보였다.

4. 밑줄 친 것 중 보조사인 것은?

① 이 물건은 시장<u>에서</u> 사 왔다.
② 개는 늑대<u>와</u> 비슷하게 생겼다.
③ 그것은 교사<u>로서</u> 할 일이 아니다.
④ 나<u>는</u> 거칠 것 없는 바다의 사나이다.

5. 밑줄 친 단어를 어법에 맞게 사용한 것은?

① 아버지는 추위를 <u>무릎쓰고</u> 밖에 나가셨다.
② 외출하기 전에 어머니께서 내 방에 잠깐 <u>들르셨다</u>.
③ 그가 미소를 <u>띈</u> 얼굴로 서 있는 모습이 보였다.
④ 내 능력 이상으로 크게 사업을 <u>벌렸다가</u> 실패하고 말았다.

6. 다음 글이 설명하고자 하는 것은?

구비문학에서는 기록문학과 같은 의미의 단일한 작품 내지 원본이라는 개념이 성립하기 어렵다. 윤선도의 '어부사시사'와 채만식의 '태평천하'는 엄밀하게 검증된 텍스트를 놓고 이것이 바로 그 작품이라 할 수 있지만, '오누이 장사 힘내기' 전설이라든가 '진주 낭군' 같은 민요는 서로 조금씩 다른 종류의 구연물이 다 그 나름의 개별적 작품이면서 동일 작품의 변이형으로 인정되기도 하는 것이다. 이야기꾼은 그의 개인적 취향이나 형편에 따라 설화의 어떤 내용을 좀 더 실감나게 손질하여 구연할 수 있으며, 때로는 그 일부를 생략 혹은 변경할 수 있다. 모내기할 때 부르는 '모노래'는 전승적 가사를 많이 이용하지만, 선창자의 재간과 그때그때의 분위기에 따라 새로운 노래 토막을 끼워 넣거나 일부를 즉흥적으로 개작 또는 창작하는 일도 흔하다.

① 구비문학의 현장성　② 구비문학의 유동성
③ 구비문학의 전승성　④ 구비문학의 구연성

7. 다음에서 알 수 있는 언어 기호의 특성으로 적절한 것은?

• 언어는 문장, 단어, 형태소, 음운으로 쪼개어 나눌 수 있다. 특히 한정된 음운을 결합하여 수많은 형태소, 단어를 만들고 무한한 문장을 만들 수 있다.
• 언어는 외부 세계를 반영할 때 있는 그대로 반영하지 않고 연속적으로 이루어져 있는 세계를 불연속적인 것으로 끊어서 표현한다. 실제로 무지개 색깔 사이의 경계를 찾아볼 수 없는데도 우리는 무지개 색깔이 일곱 가지라고 말한다.

① 추상성　② 자의성
③ 분절성　④ 역사성

8. 밑줄 친 말의 뜻은?

고슴도치도 제 새끼 털은 고와 보인다는 것처럼 이건 아이가 무슨 <u>적지레</u>를 치기라도 하면 그게 무슨 장한 일이나 되는 것처럼 끌어안았다.

① 일이나 물건에 문제가 생기게 하여 그르치는 일
② 일이나 물건에 문제가 자주 일어나는 일
③ 일이나 물건에 문제를 일으키는 것을 단속하는 일
④ 일이나 물건에 문제가 있을 때 잘 수습하는 일

9. 다음 한자성어의 풀이로 적절하지 않은 것은?

① 左顧右眄 : 앞뒤를 재고 망설임
② 不問曲直 : 옳고 그름을 따지지 아니함
③ 靑出於藍 : 제자가 스승보다 뛰어남
④ 千慮一失 : 잘못된 생각이 손해로 이어짐

10. 다음의 밑줄 친 구절에 대한 설명으로 적절하지 않은 것은?

東風이 검듯부니 물결이 고이인다
東湖를 도라보며 西湖로 가쟈스라
<u>압뫼히 지나가고 뒷뫼히 나아온다</u>

① 경쾌한 속도감이 잘 나타나 있다.
② 교훈적, 정적인 평시조에 비하여 동적 감각이 드러난다.
③ 청신한 계절감각이 나타나 있다.
④ 표현에 있어서 신선감을 더해 준다.

11. 다음은 '문화 산업을 육성하자.'라는 주제로 글을 쓰기 위해 작성한 개요이다. 이 개요를 수정하기 위해 제기한 의견으로 가장 적절하지 않은 것은?

• 주제 : 문화 산업을 육성하자.
　Ⅰ. 도입 : 문화 산업이 미래를 이끌어갈 차세대 산업으로 부상하고 있다.
　Ⅱ. 전개 1 : 문화 산업 발전을 육성하기 위한 방안
　　㉮ 창의적인 아이디어를 펼칠 수 있는 예술 창작 기회의 마련
　　㉯ 지적 재산권 보호를 통해 예술가들의 창작 의지를 고취
　　㉰ 예술적 아이디어와 상업적 자본의 결합을 통한 대형 예술 기획 체제 마련
　Ⅲ. 전개 2 : 문화 산업을 육성시켜야 하는 이유
　　㉮ 전통적인 경제 체제에서의 수익을 능가하는 경제적 이익
　　㉯ 문화 산업은 고부가가치 고성장 산업
　　㉰ 타 산업에 대한 파급효과가 크고 국가 이미지 제고에도 기여
　Ⅳ. 요약 및 마무리 : 문화 산업을 발전시키기 위한 국민적 공감대 형성 당부

① 주제가 분명히 드러날 수 있도록 '문화 산업을 육성하자.'를 '문화 산업을 육성하기 위한 대책을 마련하자.'로 바꾼다.
② 'Ⅰ. 도입'에 '한류 문화가 우리나라 경제에 미치는 파급 효과나 세계 문화에 끼치는 영향력' 등의 예를 들어 흥미를 유발시킨다.
③ 'Ⅱ. 전개 1'의 '㉰'는 이 글의 취지와 맞지 않으므로 삭제한다.
④ 글의 전체 흐름에 맞추어 볼 때, 'Ⅱ. 전개 1'과 'Ⅲ. 전개 2'의 내용은 순서를 바꾼다.

12. ( ) 안에 들어갈 말로 적절하게 묶인 것은?

> 거사(居士)가 거울을 한 개 가졌는데, 먼지가 끼어서 구름에 가린 달처럼 흐릿하였다. 아침저녁으로 들여다보면서 얼굴을 가다듬는 것같이 하였다. 손[客]이 보고 묻기를, "거울이란 얼굴을 비추는 것이다. 그렇지 않으면 군자가 이것을 보고 그 맑은 것을 취한다. 지금 그대의 거울은 흐릿하고 안개가 낀 듯하여 얼굴을 비출 수도 없고 그 맑은 것을 취할 수도 없다. 그런데도 그대는 오히려 늘 비춰보고 있으니 이유가 있는가?" 하였다. 거사가 말하기를, "거울이 맑은 것을 잘생긴 사람은 좋아하지만 못생긴 사람은 싫어한다. 그러나 잘생긴 사람은 적고 못생긴 사람은 많기에 한 번 보면 반드시 깨뜨려 버리고야 말 것이니, 먼지에 흐려진 것만 못하다. 먼지로 흐려진 것은 비록 그 외면은 부식되었더라도 그 맑은 바탕은 없어지지 않으니, 만일 잘생긴 사람을 만난 다음에 갈고 닦아도 늦지 않다. 아아, 옛적에 거울을 보는 사람은 그 (㉠)을 취하기 위함이었지만, 내가 거울을 보는 것은 그 (㉡)을 취하기 위함이니, 그대는 무엇을 괴이하게 여기는가?" 하니, 손이 대답할 말이 없었다.
>
> — 이규보, '경설(鏡說)' —

	㉠	㉡
①	흐린 것	맑은 것
②	맑은 것	흐린 것
③	흐린 것	더 흐린 것
④	맑은 것	더 맑은 것

13. 다음 글의 연결 순서로 가장 적절한 것은?

> ㉠ 과학은 현재 있는 그대로의 실재에만 관심을 두고 그 실재가 앞으로 어떠해야 한다는 당위에는 관심을 가지지 않는다.
> ㉡ 그러나 각자 관심을 두지 않는 부분에 대해 상대방으로부터 도움을 받을 수 있기 때문에 상호 보완적이라고 보는 것이 더 합당하다.
> ㉢ 과학과 종교는 상호 배타적인 것이 아니며 상호 보완적이다.
> ㉣ 반면 종교는 현재 있는 그대로의 실재보다는 당위에 관심을 가진다.
> ㉤ 이처럼 과학과 종교는 서로 관심의 영역이 다르기 때문에 배타적이라고 볼 수 있다.

① ㉠ - ㉣ - ㉡ - ㉢ - ㉤
② ㉠ - ㉣ - ㉤ - ㉢ - ㉡
③ ㉢ - ㉠ - ㉣ - ㉤ - ㉡
④ ㉢ - ㉡ - ㉠ - ㉣ - ㉤

14. 다음 문장과 관련된 속담으로 가장 적절한 것은?

> 그 동네에 있는 레스토랑의 음식은 보기와는 달리 너무 맛이 없었어.

① 보기 좋은 떡이 먹기도 좋다.
② 볶은 콩에 싹이 날까?
③ 빛 좋은 개살구
④ 뚝배기보다 장맛이 좋다.

15. 다음 중 띄어쓰기가 맞는 문장은? (∨는 띄어쓰기 부호)

① 옷∨한벌∨살∨돈이∨없다.
② 큰∨것은∨큰∨것∨대로∨따로∨모아∨둬라.
③ 강아지가∨집을∨나간∨지∨사흘∨만에∨돌아왔다.
④ 이처럼∨희한한∨구경은∨난생∨처음입니다.

16. ㉠~㉣ 중 내포적 의미가 다른 하나는?

> 이것은 소리 없는 아우성
> 저 푸른 ㉠해원(海原)을 향하여 흔드는
> 영원한 노스텔지어의 ㉡손수건
> 순정은 물결같이 바람에 나부끼고
> 오로지 맑고 곧은 이념의 푯대 끝에
> ㉢애수는 백로처럼 날개를 펴다.
> 아! 누구인가?
> 이렇게 슬프고도 애달픈 ㉣마음을
> 맨 처음 공중에 달 줄을 안 그는.
>
> — 유치환, 「깃발」 —

① ㉠   ② ㉡
③ ㉢   ④ ㉣

17. 다음 글과 같은 방식으로 논리를 전개한 것은?

> 진리가 사상의 체계에 있어 제일의 덕이듯이 정의는 사회적 제도에 있어 제일의 덕이다. 하나의 이론은 그것이 아무리 멋지고 간명한 것이라 하더라도 만약 참되지 않다면 거부되거나 수정되어야 한다. 이와 마찬가지로 법과 제도는 그것이 아무리 효율적으로 잘 정비되어 있다고 하더라도 만약 정의롭지 않다면 개혁되거나 폐기되어야 한다.

① 의지의 자유가 없는 사람에게는 책임을 물을 수 없다. 그런데 인간에게는 책임을 물을 수 있다. 그러므로 인간의 의지는 자유롭다고 보아야 한다.

② 여자는 생각하는 것이 남자와 다른 데가 있다. 남자는 미래를 생각하지만 여자는 현재의 상태를 더 소중하게 여긴다. 남자가 모험, 사업, 성 문제를 중심으로 생각한다면 여자는 가정, 사랑, 안정성에 비중을 두어 생각한다.

③ 우리 강아지는 배를 문질러 주면 등을 바닥에 대고 누워 버려. 그리고 정말 기분 좋은 듯한 표정을 짓지. 그런데 내 친구 강아지도 그렇더라고. 아마 모든 강아지가 그런 속성을 가지고 있는 것 같아.

④ 인생은 여행과 같다. 간혹 험난한 길을 만나기도 하고, 예상치 않은 일을 당하기도 한다. 우연히 누군가를 만나고 그들과 관계를 맺기도 한다. 여행을 끝내고 집으로 돌아왔을 때 편안함을 느끼는 것처럼 생을 끝내고 죽음을 맞이할 때 우리는 더없이 편안해질 것이다.

18. 다음의 밑줄 친 부분이 〈보기〉의 ㉠과 가장 유사한 의미로 쓰인 것은?

> 〈보기〉
> 그는 집에 갈 때 자동차를 ㉠ 타지 않고 걸어서 간다.

① 그는 남들과는 다른 비범한 재능을 타고 태어났다.

② 그는 가야금을 발가락으로 탈 줄 아는 재주가 있다.

③ 그는 어릴 적부터 남들 앞에 서면 부끄럼을 잘 탔다.

④ 그는 감시가 소홀한 야밤을 타서 먼 곳으로 갔다.

19. 다음 글의 내용과 시적 상황이 가장 유사한 것은?

> 이때는 추구월망간(秋九月望間)이라. 월색이 명랑하여 남창에 비치고, 공중에 외기러기 응응한 긴 소리로 짝을 찾아 날아가고, 동산의 송림 사이에 두견이 슬피 울어 불여귀를 화답하니, 무심한 사람도 마음이 상하거든 독수공방에 눈물로 세월을 보내는 송이야 오죽할까. 송이가 모든 심사를 저버리고 책상머리에 의지하여 잠깐 졸다가 기러기 소리에 놀라 눈을 뜨고 보니, 남창에 밝은 달 허리에 가득하고 쓸쓸한 낙엽송은 심회를 돕는지라, 잊었던 심사가 다시 가슴에 가득해지며 눈물이 무심히 떨어진다. 송이가 남창을 가만히 열고 달빛을 내다보며 위연탄식하는데,
> "달아, 너는 내 심사를 알리라. 작년 이때 뒷동산 명월 아래 우리 임을 만났더니, 달은 다시 보건마는 임을 어찌 보지 못하는고. 심양강의 탄금녀는 만고문장 백낙천을 달 아래 만날 적에, 설진심중무한사(說盡心中無限事)를 세세히 하였건마는, 나는 어찌 박명하여 명랑한 저 달 아래서 부득설진심중사(不得說盡心中事)하니 가련하지 아니할까. 사람은 없어 말하지 못하나, 차라리 심중사를 종이 위에나 그리리라."
> 하고, 연상을 내어 먹을 흠씬 갈고 청황모 무심필을 듬뿍 풀어 백능화주지를 책상에 펼쳐 놓고, 섬섬옥수로 붓대를 곱게 쥐고 탄식하면서 맥맥이 앉았다가, 고개를 돌려 벽공의 높은 달을 두세 번 우러러보더니, 서두에 '추풍감별곡(秋風感別曲)' 다섯 자를 쓰고, 상사가 생각 되고, 생각이 노래 되고, 노래가 글이 되어 붓끝을 따라오니, 붓대가 쉴 새 없이 쓴다.
> － 「채봉감별곡」 중에서 －

① 임이여 물을 건너지 마오 / 임은 기어이 물을 건너갔네 / 물에 빠져 돌아가시니 / 이제 임이여 어이할꼬.

② 가위로 싹둑싹둑 옷 마르노라 / 추운 밤 열 손가락 모두 굳었네 / 남 위해 시집갈 옷 항상 짓건만 / 해마다 이내 몸은 홀로 잔다네.

③ 펄펄 나는 저 꾀꼬리 / 암수 서로 정다운데 / 외로울사 이내 몸은 / 누구와 함께 돌아갈꼬.

④ 비 개인 긴 언덕에 풀빛 짙은데 / 님 보내는 남포에는 서러운 노래 퍼지네 / 대동강 물은 언제나 마를까 / 이별의 눈물 해마다 푸른 물결 더하니.

20. 괄호 안에 들어갈 내용으로 가장 적절한 것은?

인간의 역사는 어떻게 보면 소유사(所有史)처럼 느껴진다. 보다 많은 자기네 몫을 위해 끊임없이 싸우고 있는 것 같다. 소유욕에는 한정도 없고 휴일도 없다. 그저 하나라도 더 많이 갖고자 하는 일념으로 출렁거리고 있다. 물건만으로는 성에 차질 않아 사람까지 소유하려 든다. 그 사람이 제 뜻대로 되지 않을 경우는 끔찍한 비극도 불사하면서. 제정신도 갖지 못한 처지에 남을 가지려 하는 것이다.

(   ) 그것은 개인뿐 아니라 국가 간의 관계도 마찬가지다. 어제의 맹방들이 오늘에는 맞서게 되는가 하면, 서로 으르렁대던 나라끼리 친선 사절을 교환하는 사례를 우리는 얼마든지 보고 있다. 그것은 오로지 소유(所有)에 바탕을 둔 이해관계 때문이다. 만약 인간의 역사가 소유사에서 무소유사로 그 방향을 바꾼다면 어떻게 될까. 아마 싸우는 일은 거의 없을 것이다. 주지 못해 싸운다는 말은 듣지 못했다.

① 소유의 역사(歷史)는 이제 끝났다.
② 소유욕은 불가역적(不可逆的)이다.
③ 소유욕은 이해(利害)와 정비례한다.
④ 소유욕이 없어진 세상이 올 것이다.

21. 다음 글이 독자에게 웃음을 유발하는 이유를 바르게 설명한 것은?

개의 몸에 기생하는 진드기가 있다. 미친 듯이 제 몸을 긁어 대는 개를 붙잡아서 털 속을 헤쳐 보라. 진드기는 머리를 개의 연한 살에 박고 피를 빨아 먹고 산다. 머리와 가슴이 붙어 있는데 어디까지가 배인지 꼬리인지도 분명치 않다. 수컷의 몸길이는 2.5밀리미터, 암컷은 7.5밀리미터쯤으로 핀셋으로 살살 집어내지 않으면 몸이 끊어져 버린다.

한번 박은 진드기의 머리는 돌아 나올 줄 모른다. 죽어도 안으로 파고들다가 죽는다. 나는 그 광경을 '몰두(沒頭)'라고 부르려 한다.

           – 성석제, 「몰두」 중에서 –

① 소리는 같지만 뜻이 전혀 다른 두 단어를 의도적으로 혼란스럽게 섞어 사용해서
② 일반적으로 예상되는 사건 대신 아주 엉뚱한 사건을 전개해서
③ 묘사하는 대상의 우스꽝스러운 생태를 충분한 거리를 유지한 채 객관적으로 전달해서
④ 어떤 단어를 보통 쓰이는 의미 대신 글자 그대로의 의미로 짐짓 받아들여서

22. 다음 글의 제목으로 가장 적절한 것은?

어느 대학의 심리학 교수가 그 학교에서 강의를 재미없게 하기로 정평이 나 있는, 한 인류학 교수의 수업을 대상으로 실험을 계획했다. 그 심리학 교수는 인류학 교수에게 이 사실을 철저히 비밀로 하고, 그 강의를 수강하는 학생들에게만 사전에 몇 가지 주의 사항을 전달했다. 첫째, 그 교수의 말 한 마디 한 마디에 주의를 집중하면서 열심히 들을 것. 둘째, 얼굴에는 약간 미소를 띠면서 눈을 반짝이며 고개를 끄덕이기도 하고 간혹 질문도 하면서 강의가 매우 재미있다는 반응을 겉으로 나타내며 들을 것.

한 학기 동안 계속된 이 실험의 결과는 흥미로웠다. 우선 재미없게 강의하던 그 인류학 교수는 줄줄 읽어 나가던 강의 노트에서 드디어 눈을 떼고 학생들과 시선을 마주치기 시작했고 가끔씩은 한두 마디 유머 섞인 농담을 던지기도 하더니, 그 학기가 끝날 즈음엔 가장 열의 있게 강의하는 교수로 면모를 일신하게 되었다. 더욱 더 놀라운 것은 학생들의 변화였다. 처음에는 실험 차원에서 열심히 듣는 척하던 학생들이 이 과정을 통해 정말로 강의에 흥미롭게 참여하게 되었고, 나중에는 소수이긴 하지만 아예 전공을 인류학으로 바꾸기로 결심한 학생들도 나오게 되었다.

① 학생 간 의사소통의 중요성
② 교수 간 의사소통의 중요성
③ 언어적 메시지의 중요성
④ 공감하는 듣기의 중요성

23. 다음 글의 중심 내용을 고려할 때, 글쓴이의 의도에 부합하는 반응으로 가장 옳은 것은?

경제의 글로벌화가 진행되는 과정에서 다양성이 증대되었다고 생각하기가 쉽다. 체계적 국제 운송 및 통신 시스템의 도입으로 타 문화권에서 생산된 다양한 상품들과 식품들을 한데 모을 수 있을 것 같아 보이기 때문이다. 그러나 이렇게 다채로운 문화의 경험을 원활하게 만드는 바로 그 시스템이 실제로는 그런 다양성을 깨끗이 지워버리는 한편, 세계 전역에 걸쳐 지역마다의 문화적 특성까지도 말살하고 있다. 링곤베리와 파인애플 주스는 코카콜라에, 모직과 면으로 된 옷들은 청바지에, 고원에서 자라던 토종 소들은 저지 젖소에게 그 자리를 내주었다. 다양성이란 것은 한 회사에서 만든 열 가지의 청바지 중 어느 것을 고를까 하는 문제가 절대 아니다.

① 지역 특산의 사과 품종을 굳이 보존할 필요가 없겠군.
② 글로벌 경제 시스템은 다양성 보존과는 거리가 있군.
③ 될 수 있으면 다국적 기업의 청바지를 사 입어야겠군.
④ 국제 운송 시스템은 지역 문화의 다양성을 증진시켰군.

24. 다음 글을 통해서 답을 찾을 수 없는 질문은?

해안에서 밀물에 의해 해수가 해안선에 제일 높게 들어온 곳과 썰물에 의해 제일 낮게 빠진 곳의 사이에 해당하는 부분을 조간대라고 한다. 지구상에서 생물이 살기에 열악한 환경 중 한 곳이 바로 이 조간대이다. 이곳의 생물들은 물에 잠겨 있을 때와 공기 중에 노출될 때라는 상반된 환경에 삶을 맞춰야 한다. 또한 갯바위에 부서지는 파도의 파괴력도 견뎌내야 한다. 또한 빗물이라도 고이면 민물이라는 환경에도 적응해야 하며, 강한 햇볕으로 바닷물이 증발하고 난 다음에는 염분으로 범벅된 몸을 추슬러야 한다. 이러한 극단적이고 변화무쌍한 환경에 적응할 수 있는 생물만이 조간대에서 살 수 있다.

조간대는 높이에 따라 상부, 중부, 하부로 나뉜다. 바다로부터 가장 높은 곳인 상부는 파도가 강해야만 물이 겨우 닿는 곳이다. 그래서 조간대 상부에 사는 생명체는 뜨거운 태양열을 견뎌내야 한다. 중부는 만조 때에는 물에 잠기지만 간조 때에는 공기 중에 노출되는 곳이다. 그런데 물이 빠져 공기 중에 노출되었다 해도 파도에 의해 어느 정도의 수분은 공급된다. 가장 아래에 위치한 하부는 간조시를 제외하고는 항상 물에 잠겨 있다. 땅위 환경의 영향을 적게 받는다는 점에선 다소 안정적이긴 해도 파도의 파괴력을 이겨내기 위해 강한 부착력을 지녀야 한다는 점에서 생존이 쉽지 않은 곳이다.

조간대에 사는 생물들은 불안정하고 척박한 바다 환경에 적응하기 위해 높이에 따라 수직으로 종이 분포한다. 조간대를 찾았을 때 총알고둥류와 따개비들을 발견했다면 그곳이 조간대에서 물이 가장 높이 올라오는 지점인 것이다. 이들은 상당 시간 물 밖에 노출되어도 수분 손실을 막기 위해 패각과 덮개 판을 꼭 닫은 채 물이 밀려올 때까지 버텨낼 수 있다.

① 조간대에서 총알고둥류가 사는 곳은 어느 지점인가?
② 조간대의 중부에 사는 생물에는 어떠한 것이 있는가?
③ 조간대에서 높이에 따라 생물의 종이 수직으로 분포하는 이유는 무엇인가?
④ 조간대에 사는 생물들이 견뎌야 하는 환경적 조건에는 어떠한 것이 있는가?

25. 문맥상 다음 ㉠에 들어갈 문장으로 가장 적절한 것은?

인간의 역사가 발전과 변화의 가능성을 내포하고 있는 반면, 자연사는 무한한 반복 속에서 반복을 반복할 뿐이다. 그런데 마르크스는 「1844년의 경제학 철학 수고」 말미에, "역사는 인간의 진정한 자연사이다"라고 적은 바 있다. 또한 인간의 활동에 대립과 통일이 있듯이, 자연의 내부에서도 대립과 통일은 존재한다. (㉠) 마르크스의 진의(眞意) 또한 인간의 역사와 자연사의 변증법적 지양과 일여(一如)한 합일을 지향했다는 것에 있을 것이다.

① 즉 인간과 자연은 상호 간에 필연적으로 경쟁할 수밖에 없다.
② 따라서 인간의 역사와 자연의 역사를 이분법적 대립 구도로 파악하는 것은 위험하다.
③ 즉 자연이 인간의 세계에 흡수·통합됨으로써 인간의 역사가 시작된다.
④ 그러나 인간사를 연구하는 일은 자연사를 연구하는 일보다 많은 노력이 요구된다.

1 컴퓨터 용어에 대한 설명으로 옳지 않은 것은?

① MIPS는 1초당 백만개 명령어를 처리한다는 뜻으로 컴퓨터의 연산 속도를 나타내는 단위이다.

② SRAM은 전원이 꺼져도 저장된 자료를 계속 보존할 수 있는 기억장치이다.

③ KB, MB, GB, TB 등은 기억 용량을 나타내는 단위로서 이중 TB가 가장 큰 단위이다.

④ SSI, MSI, LSI, VLSI 등은 칩에 포함되는 게이트의 집적도에 따라 구분된 용어이다.

2 이진트리의 순회(traversal) 경로를 나타낸 그림이다. 이와 같은 이진트리 순회방식은 무엇인가? (단, 노드의 숫자는 순회순서를 의미)

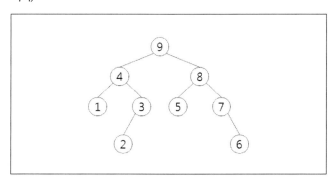

① 병렬 순회(parallel traversal)

② 전위 순회(pre-order traversal)

③ 중위 순회(in-order traversal)

④ 후위 순회(post-order traversal)

3 다음 중 데이터 값의 대소를 비교하여 정렬하는 문제에 대한 가장 빠른 알고리즘의 시간복잡도는? (단, n은 정렬 대상의 입력 데이터 수)

① $O(n)$

② $O(\log_2 n)$

③ $O(n\log_2 n)$

④ $O(n^2)$

4 엑셀에서는 서로 다른 시트 사이에 셀 참조가 가능하다. 다음 그림에서 Sheet2의 시금치 가격을 VLOOKUP 함수를 사용하여 Sheet1에서 가져오고자 한다. 이를 위해 Sheet2의 B3 셀에 입력할 수식으로 알맞은 것은?

Sheet1

	A	B	C	D
1	상품명	산지	생산자	가격
2	오이	청주	김철수	500
3	배추	울산	황인용	2000
4	무우	김제	김영운	1500
5	시금치	평창	나윤로	1000
6	상추	대전	김윤철	700

Sheet1 / Sheet2

Sheet2

	A	B
1	상품명	가격
2	무우	
3	시금치	
4		
5		
6		

Sheet2

① =VLOOKUP(시금치, Sheet1!A2:D6, 4, 0)

② =VLOOKUP(시금치, A2:A6, 5, 0)

③ =VLOOKUP(A3, Sheet1!A2:D6, 4, 0)

④ =VLOOKUP(A3, Sheet1!A2:A6, 5, 0)

5 다음은 모듈화를 중심으로 한 소프트웨어 설계방법에 대한 설명이다. 빈칸의 내용을 올바르게 나열한 것은?

• 결합도(coupling)와 응집도(cohesion)는 모듈의 (㉠)을 판단하는 기준이다.

• 결합도란 모듈 (㉡)의 관련성을 의미하며, 응집도란 모듈 (㉢)의 관련성을 의미한다.

• 좋은 설계를 위해서는 결합도는 (㉣), 응집도는 (㉤) 방향으로 설계해야 한다.

	㉠	㉡	㉢	㉣	㉤
①	독립성	사이	내부	작게	큰
②	독립성	내부	사이	크게	작은
③	추상성	사이	내부	작게	큰
④	추상성	내부	사이	크게	작은

6 자신을 타인이나 다른 시스템에게 속이는 행위를 의미하며 침입하고자 하는 호스트의 IP 주소를 바꾸어서 해킹하는 기법을 가리키는 것은?

① Spoofing
② Sniffing
③ Phishing
④ DoS 공격

7 RAID(Redundant Array of Inexpensive Disks)에 대한 설명으로 알맞지 않은 것은?

① RAID-0는 디스크 스트라이핑(disk striping) 방식으로 중복 저장과 오류 검출 및 교정이 없는 방식이다.
② RAID-1은 디스크 미러링(disk mirroring) 방식이며 높은 신뢰도를 갖는 방식이다.
③ RAID-4는 데이터를 비트 단위로 여러 디스크에 분할하여 저장하며 별도의 패리티 디스크를 사용한다.
④ RAID-5는 패리티 블록들을 여러 디스크에 분산 저장하는 방식이며 단일 오류 검출 및 교정이 가능한 방식이다.

8 캐시기억장치(cache memory)에 대한 설명으로 알맞지 않은 것은?

① 직접 사상(direct mapping) 방식은 주기억장치의 임의의 블록들이 어떠한 슬롯으로든 사상될 수 있는 방식이다.
② 세트-연관 사상(set-associative mapping) 방식은 직접 사상 방식과 연관 사상(associative mapping) 방식을 혼합한 방식이다.
③ 슬롯의 수가 128개인 4-way 연관 사상 방식인 경우 슬롯을 공유하는 주기억 장치 블록들이 4개의 슬롯으로 적재될 수 있는 방식이다.
④ 캐시 쓰기 정책(cache write policy)은 write through 방식과 write back 방식 등이 있다.

9 데이터통신 흐름 제어 방식인 Go-Back-N ARQ에서 6번 프레임까지 전송을 하였는데 수신측에서 3번 프레임에 오류가 있다고 재전송을 요청해 왔을 경우 재전송되는 프레임의 수는?

① 1개
② 2개
③ 3개
④ 4개

10 MS Access의 데이터베이스를 이용한 성적 테이블에서 적어도 2명 이상이 수강하는 과목에 대해 등록한 학생수와 평균점수를 구하기 위한 SQL 질의문을 작성할 경우 빈칸에 적절한 표현은?

⟨테이블명 : 성적⟩

학번	과목	성적	점수
100	자료구조	A	90
100	운영체계	A	95
200	운영체제	B	85
300	프로그래밍	A	90
300	데이터베이스	C	75
300	자료구조	A	95

```
SELECT 과목, COUNT(*) AS 학생수, AVG(점수) AS 평균점수
FROM 성적
GROUP BY 과목 _____
```

① WHERE SUM(학번) > = 2;
② WHERE COUNT(학번) > = 2;
③ HAVING SUM(학번) > = 2;
④ HAVING COUNT(학번) > = 2;

11 다음에서 ㉠과 ㉡에 들어갈 내용이 올바르게 짝지어진 것은?

명령어를 주기억장치에서 중앙처리장치의 명령레지스터로 가져와 해독하는 것을 (㉠)단계라 하고, 이 단계는 마이크로 연산(operation) (㉡)로 시작한다.

	㉠	㉡
①	인출	MAR ← PC
②	인출	MAR ← MBR(AD)
③	실행	MAR ← PC
④	실행	MAR ← MBR(AD)

12 다음의 Java 프로그램에서 사용되지 않은 기법은?

```
class Adder {
    public int add(int a, int b) { return a+b;}
    public double add(double a, double b) { return a+b;}
}
class Computer extends Adder {
    private int x;
    public int calc(int a, int b, int c) { if (a == 1)
    return add(b, c);
        else return x;}
    Computer() { x = 0;}
}

public class Adder_Main {
    public static void main(String args[]) {
        Computer c = new Computer();
        System.out.println("100 + 200 = " + c.calc(1, 100,
200));
        System.out.println("5.7 + 9.8 = " + c.add(5.7,
9.8));
    }
}
```

① 캡슐화(Encapsulation)

② 상속(Inheritance)

③ 오버라이딩(Overriding)

④ 오버로딩(Overloading)

13 MS Excel의 워크시트에서 사원별 수주량과 판매금액, 그리고 수주량과 판매금액의 합계가 입력되어 있다. 이때 C열에는 전체 수주량 대비 각 사원 수주량의 비율을, E열에는 전체 판매금액 대비 각 사원 판매금액의 비율을 보이고자 한다. 이를 위해 C2셀에 수식을 입력한 다음에 이를 C열과 E열의 나머지 셀에 복사하여 사용하고자 한다. C2셀에 입력할 내용으로 옳은 것은?

	A	B	C	D	E
1	사원	수주량	비율	판매금액	비율
2	김철수	78		8,000,000	
3	홍길동	56		7,500,000	
4	김민호	93		13,000,000	
5	나영철	34		10,000,000	
6	최건	80		8,000,000	
7	합계	341		46,500,000	

① = B2/B7*100

② = $B$2/B7*100

③ = B2/$B$7*100

④ = B2/B$7*100

14 후위(postfix) 형식으로 표기된 다음 수식을 스택(stack)으로 처리하는 경우에, 스택의 탑(TOP) 원소의 값을 올바르게 나열한 것은? (단, 연산자(operator)는 한 자리의 숫자로 구성되는 두 개의 피연산자(operand)를 필요로 하는 이진(binary) 연산자)

$$4\ 5\ +\ 2\ 3\ *\ -$$

① 4, 5, 2, 3, 6, − 1, 3

② 4, 5, 9, 2, 3, 6, − 3

③ 4, 5, 9, 2, 18, 3, 16

④ 4, 5, 9, 2, 3, 6, 3

15 다음은 자료의 표현과 관련된 설명이다. 옳은 것을 모두 고른 것은?

ⓐ 2진수 0001101의 2의 보수(complement)는 1110011이다.
ⓑ 부호화 2의 보수 표현방법은 영(0)이 하나만 존재한다.
ⓒ 패리티(parity) 비트로 오류를 수정할 수 있다.
ⓓ 해밍(Hamming) 코드로 오류를 검출할 수 있다.

① ㉠㉣

② ㉡㉢

③ ㉠㉡㉢

④ ㉠㉡㉣

16 'A', 'B', 'L', 'E' 순서로 문자들을 이진 탐색 트리(Binary Search Tree)에 추가했을 때 결과 트리의 깊이(depth)는? (단, 트리의 깊이는 트리에 속한 노드의 최대 레벨을 의미하며, 루트 노드의 레벨은 1로 정의한다.)

① 3

② 4

③ 2

④ 1

17 다음 중 인터럽트 입출력 제어방식은?

① 입출력을 하기 위해 CPU가 계속 Flag를 검사하고, 자료전송도 CPU가 직접 처리하는 방식이다.

② 입출력을 하기 위해 CPU가 계속 Flag를 검사할 필요가 없고, 대신 입출력 인터페이스가 CPU에게 데이터 전송 준비가 되었음을 알리고 자료전송은 CPU가 직접 처리하는 방식이다.

③ 입출력 장치가 직접 주기억장치를 접근하여 Data Block을 입출력하는 방식으로, 입출력 전송이 CPU 레지스터를 경유하지 않고 수행된다.

④ CPU의 관여 없이 채널 제어기가 직접 채널 명령어로 작성된 프로그램을 해독하고 실행하여 주기억장치와 입출력 장치 사이에서 자료전송을 처리하는 방식이다.

18 소프트웨어 설계의 원칙으로 옳지 않은 것은?

① 상세설계로 갈수록 추상화 수준은 증가한다.

② 계층적 조직이 제시되며, 모듈적이어야 한다.

③ 설계는 분석 모델까지 추적이 가능하도록 한다.

④ 요구사항 분석에서 얻은 정보를 이용하여 반복적 방법을 통해 이루어져야 한다.

19 다음 웹 캐시에 대한 설명 중 옳은 것은?

① 웹에서 사용자의 상태 정보를 보관하기 위한 것이다.

② 캐시 정보를 찾기 위한 방법으로 iterative와 recursive 방법이 있다.

③ 웹 사용자에게 데이터를 더 빠르게 전달할 수 있다.

④ 인터넷을 이용한 전자상거래에서 쇼핑카트나 추천 등에 사용할 수 있다.

20 다음의 C프로그램을 실행한 결과로 옳은 것은? (단, 아래의 scanf() 함수의 입력으로 90을 타이핑했다고 가정)

```
int main( )
{
int i = 10 ;
int j = 20 ;
int * k = &i ;
scanf("%d", k);
printf("%d, %d, %d\n", i, j, * k);
return 0 ;
}
```

① 10, 20, 10 ② 10, 20, 90

③ 90, 20, 10 ④ 90, 20, 90

21 UP(Unified Process)의 네 단계 중 아키텍처 결정을 위한 설계 작업과 분석 작업의 비중이 크고, 시스템 구성에 관련된 위험요소를 식별하고 이를 완화하는 데 중점을 두는 단계는?

① 도입(inception)

② 상세(elaboration)

③ 구축(construction)

④ 이행(transition)

22 문법 G가 다음과 같을 때 S_1으로부터 생성할 수 없는 것은?

$$G : S_1 \rightarrow 0S_2 \quad S_1 \rightarrow 0$$
$$S_2 \rightarrow 0S_2 \quad S_2 \rightarrow 1$$

① 0 ② 00

③ 01 ④ 001

23 데이터 통신의 표준참조모델인 OSI모델의 각 계층에 대한 설명으로 옳지 않은 것은?

① 물리 계층은 송수신 시스템의 연결에서 전송 매체의 종류, 송수신되는 신호의 전압 레벨 등을 정의한다.

② 네트워크 계층은 송수신 컴퓨터의 응용프로그램 간 송수신되는 데이터의 구문과 의미에 관련된 기능으로 변환, 암호화, 압축을 수행한다.

③ 전송 계층은 연결된 네트워크의 기능이나 특성에 영향을 받지 않고 오류제어와 흐름제어 기능을 수행하여 신뢰성 있는 데이터 전송을 보장하는 것으로, 프로토콜은 TCP, UDP 등이 있다.

④ 응용 계층은 최상위 계층으로 프로토콜은 FTP, HTTP 등이 있다.

24 컴퓨터 이미지에 대한 설명으로 옳지 않은 것은?

① 벡터 방식은 이미지의 크기가 커지면 저장 용량도 커진다.

② GIF와 JPG는 비트맵 방식의 파일 형식이다.

③ 상세한 명암과 색상을 표현하는 사진에 적합한 방식은 비트맵 방식이다.

④ 벡터 방식은 이미지를 확대, 축소, 회전하더라도 이미지의 품질에 영향을 주지 않는다.

25 스레드(thread)에 대한 설명으로 옳지 않은 것은?

① 스레드는 자기만 접근할 수 있는 스레드별 데이터를 갖지 않는다.

② 단일 프로세스에 포함된 스레드들은 프로세스의 자원을 공유할 수 있다.

③ 멀티프로세서 환경에서는 각각의 스레드가 다른 프로세서에서 수행될 수 있다.

④ Pthread는 스레드 생성과 동기화를 위해 POSIX가 제정한 표준 API이다.

✎ **정보보호론**

1 메시지 인증 코드(MAC : Message Authentication Code)를 이용한 메시지 인증 방법에 대한 설명으로 옳지 않은 것은?

① 메시지의 출처를 확신할 수 있다.

② 메시지와 비밀키를 입력받아 메시지 인증 코드를 생성한다.

③ 메시지의 무결성을 증명할 수 있다.

④ 메시지의 복제 여부를 판별할 수 있다.

2 위험 분석에 대한 설명으로 옳지 않은 것은?

① 자산의 식별된 위험을 처리하는 방안으로는 위험 수용, 위험 회피, 위험 전가 등이 있다.

② 자산의 가치 평가를 위해 자산구입비용, 자산유지보수비용 등을 고려할 수 있다.

③ 자산의 적절한 보호를 위해 소유자와 책임소재를 지정함으로써 자산의 책임추적성을 보장받을 수 있다.

④ 자산의 가치 평가 범위에 데이터베이스, 계약서, 시스템 유지보수 인력 등은 제외된다.

3 유닉스(Unix)의 로그 파일과 기록되는 내용을 바르게 연결한 것은?

┌──┐
│ ㉠ history : 명령창에 실행했던 명령 내역   │
│ ㉡ sulog : su 명령어 사용 내역   │
│ ㉢ xferlog : 실패한 로그인 시도 내역   │
│ ㉣ loginlog : FTP 파일 전송 내역   │
└──┘

① ㉠, ㉡   ② ㉠, ㉢

③ ㉡, ㉢   ④ ㉢, ㉣

4 전송계층 보안 프로토콜인 TLS(Transport Layer Security)가 제공하는 보안 서비스에 해당하지 않는 것은?

① 메시지 부인 방지

② 클라이언트와 서버 간의 상호 인증

③ 메시지 무결성

④ 메시지 기밀성

5 다음에 제시된 〈보기 1〉의 사용자 인증방법과 〈보기 2〉의 사용자 인증도구를 바르게 연결한 것은?

〈보기 1〉
㉠ 지식 기반 인증
㉡ 소지 기반 인증
㉢ 생체 기반 인증

〈보기 2〉
A. OTP 토큰
B. 패스워드
C. 홍채

	㉠	㉡	㉢			㉠	㉡	㉢
①	A	B	C		②	A	C	B
③	B	A	C		④	B	C	A

6 ISO 27001의 ISMS(Information Security Management System) 요구사항에 대한 내용으로 옳지 않은 것은?

① 자산 관리 : 정보 보호 관련 사건 및 취약점에 대한 대응
② 보안 정책 : 보안 정책, 지침, 절차의 문서화
③ 인력 자원 보안 : 인력의 고용 전, 고용 중, 고용 만료 후 단계별 보안의 중요성 강조
④ 준거성 : 조직이 준수해야 할 정보 보호의 법적 요소

7 MS 오피스와 같은 응용 프로그램의 문서 파일에 삽입되어 스크립트 형태의 실행 환경을 악용하는 악성 코드는?

① 애드웨어
② 트로이 목마
③ 백도어
④ 매크로 바이러스

8 데이터베이스 보안의 요구사항이 아닌 것은?

① 데이터 무결성 보장
② 기밀 데이터 관리 및 보호
③ 추론 보장
④ 사용자 인증

9 OSI참조 모델의 제7계층의 트래픽을 감시하여 안전한 데이터만을 네트워크 중간에서 릴레이하는 유형의 방화벽은?

① 패킷 필터링(packet filtering) 방화벽
② 응용 계층 게이트웨어(application level gateway)
③ 스테이트풀 인스펙션(stateful inspection) 방화벽
④ 서킷 레벨 게이트웨이(circuit level gateway)

10 IPSec에 대한 설명으로 옳지 않은 것은?

① 네트워크 계층에서 패킷에 대한 보안을 제공하기 위한 프로토콜이다.
② 인터넷을 통해 지점들을 안전하게 연결하는 데 이용될 수 있다.
③ 전송 모드와 터널 모드를 지원한다.
④ AH(Authentication Header)는 인증 부분과 암호화 부분 모두를 포함한다.

11 다음은 웹사이트와 브라우저에 대한 주요 공격 유형 중 하나이다. 무엇에 대한 설명인가?

웹페이지가 웹사이트를 구성하는 방식과 웹사이트가 동작하는 데 필요한 기본과정을 공략하는 공격으로, 브라우저에서 사용자 몰래 요청이 일어나게 강제하는 공격이다. 다른 공격과 달리 특별한 공격 포인트가 없다. 즉, HTTP 트래픽을 변조하지도 않고, 문자나 인코딩 기법을 악의적으로 사용할 필요도 없다.

① 크로스사이트 요청 위조
② 크로스사이트 스크립팅
③ SQL 인젝션
④ 비트플리핑 공격

12 전자서명(digital signature)은 내가 받은 메시지를 어떤 사람이 만들었는지를 확인하는 인증을 말한다. 다음 중 전자서명의 특징이 아닌 것은?

① 서명자 인증 : 서명자 이외의 타인이 서명을 위조하기 어려워야 한다.

② 위조 불가 : 서명자 이외의 타인의 서명을 위조하기 어려워야 한다.

③ 부인 불가 : 서명자는 서명 사실을 부인할 수 없어야 한다.

④ 재사용 가능 : 기존의 서명을 추후에 다른 문서에도 재사용할 수 있어야 한다.

13 다음 〈보기〉에서 설명하는 것은 무엇인가?

〈보기〉
IP 데이터그램에서 제공하는 선택적 인증과 무결성, 기밀성 그리고 재전송 공격 방지 기능을 한다. 터널 종단 간에 협상된 키와 암호화 알고리즘으로 데이터그램을 암호화한다.

① AH(Authentication Header)

② ESP(Encapsulation Security Payload)

③ MAC(Message Authentication Code)

④ ISAKMP(Internet Security Association & Key Management Protocol)

14 다음 〈보기〉에서 설명하고 있는 무선네트워크의 보안 프로토콜은 무엇인가?

〈보기〉
AP와 통신해야 할 클라이언트에 암호화키를 기본으로 등록해 두고 있다. 그러나 암호화키를 이용해 128비트인 통신용 암호화키를 새로 생성하고, 이 암호화키를 10,000개 패킷마다 바꾼다. 기존보다 훨씬 더 강화된 암호화 세션을 제공한다.

① WEP(Wired Equivalent Privacy)

② TKIP(Temporal Key Integrity Protocol)

③ WPA-PSK(Wi-Fi Protected Access Pre Shared Key)

④ EAP(Extensible Authentication Protocol)

15 컴퓨터 포렌식(forensics)은 정보처리기기를 통하여 이루어지는 각종 행위에 대한 사실 관계를 확정하거나 증명하기 위해 행하는 각종 절차와 방법이라고 정의할 수 있다. 다음 중 컴퓨터 포렌식에 대한 설명으로 옳지 않은 것은?

① 컴퓨터 포렌식 중 네트워크 포렌식은 사용자가 웹상의 홈페이지를 방문하여 게시판 등에 글을 올리거나 읽는 것을 파악하고 필요한 증거물을 확보하는 것 등의 인터넷 응용 프로토콜을 사용하는 분야에서 증거를 수집하는 포렌식 분야이다.

② 컴퓨터 포렌식은 단순히 과학적인 컴퓨터 수사 방법 및 절차뿐만 아니라 법률, 제도 및 각종 기술 등을 포함하는 종합적인 분야라고 할 수 있다.

③ 컴퓨터 포렌식 처리 절차는 크게 증거 수집, 증거 분석, 증거 제출과 같은 단계들로 이루어진다.

④ 디스크 포렌식은 정보기기의 주·보조기억장치에 저장되어 있는 데이터 중에서 어떤 행위에 대한 증거 자료를 찾아서 분석한 보고서를 제출하는 절차와 방법을 말한다.

16 사용자 인증에 사용되는 기술이 아닌 것은?

① Snort

② OTP(One Time Password)

③ SSO(Single Sign On)

④ 스마트 카드

17 보안 요소에 대한 설명과 용어가 바르게 짝지어진 것은?

㉠ 자산의 손실을 초래할 수 있는 원하지 않는 사건의 잠재적인 원인이나 행위자
㉡ 원하지 않는 사건이 발생하여 손실 또는 부정적인 영향을 미칠 가능성
㉢ 자산의 잠재적인 속성으로서 위협의 이용 대상이 되는 것

	㉠	㉡	㉢
①	위협	취약점	위험
②	위협	위험	취약점
③	취약점	위협	위험
④	위험	위험	취약점

18 공개키 암호 알고리즘에 대한 설명으로 옳은 것은?

① Diffie-Hellman 키 교환 방식은 중간자(man-in-the-middle) 공격에 강하고 실용적이다.

② RSA 암호 알고리즘은 적절한 시간 내에 인수가 큰 정수의 소인수분해가 어렵다는 점을 이용한 것이다.

③ 타원곡선 암호 알고리즘은 타원곡선 대수문제에 기초를 두고 있으며, RSA 알고리즘과 동일한 안전성을 제공하기 위해서 더 긴 길이의 키를 필요로 한다.

④ ElGamal 암호 알고리즘은 많은 큰 수들의 집합에서 선택된 수들의 합을 구하는 것은 쉽지만, 주어진 합으로부터 선택된 수들의 집합을 찾기 어렵다는 점을 이용한 것이다.

19 ISO/IEC 27001의 보안 위험 관리를 위한 PDCA 모델에 대한 설명으로 옳지 않은 것은?

① IT기술과 위험 환경의 변화에 대응하기 위하여 반복되어야 하는 순환적 프로세스이다.

② Plan 단계에서는 보안 정책, 목적, 프로세스 및 절차를 수립한다.

③ Do 단계에서는 수립된 프로세스 및 절차를 구현하고 운영한다.

④ Act 단계에서는 성과를 측정하고 평가한다.

20 메시지의 무결성을 검증하는 데 사용되는 해시와 메시지 인증 코드(MAC)의 차이점에 대한 설명으로 옳은 것은?

① MAC는 메시지와 송·수신자만이 공유하는 비밀키를 입력받아 생성되는 반면에, 해시는 비밀키 없이 메시지로부터 만들어진다.

② 해시의 크기는 메시지 크기와 무관하게 일정하지만, MAC는 메시지와 크기가 같아야 한다.

③ 메시지 무결성 검증 시, 해시는 암호화되어 원본 메시지와 함께 수신자에게 전달되는 반면에, MAC의 경우에는 MAC로부터 원본 메시지 복호화가 가능하므로 MAC만 전송하는 것이 일반적이다.

④ 송·수신자만이 공유하는 비밀키가 있는 경우, MAC를 이용하여 메시지 무결성을 검증할 수 있으나 해시를 이용한 메시지 무결성 검증은 불가능하다.

21 정보보호 시스템에서 사용된 보안 알고리즘 구현 과정에서 곱셈에 대한 역원이 사용된다. 잉여류 Z_{26}에서 법(modular) 26에 대한 7의 곱셈의 역원으로 옳은 것은?

① 11 ② 13

③ 15 ④ 17

22 다음 내용에 해당하는 암호블록 운용 모드를 바르게 나열한 것은?

㉠ 코드북(codebook)이라 하며, 가장 간단하게 평문을 동일한 크기의 평문블록으로 나누고 키로 암호화하여 암호블록을 생성한다.

㉡ 현재의 평문블록과 바로 직전의 암호블록을 XOR한 후 그 결과를 키로 암호화하여 암호블록을 생성한다.

㉢ 각 평문블록별로 증가하는 서로 다른 카운터 값을 키로 암호화하고 평문블록과 XOR하여 암호블록을 생성한다.

	㉠	㉡	㉢
①	CBC	ECB	OFB
②	CBC	ECB	CTR
③	ECB	CBC	OFB
④	ECB	CBC	CTR

23 스택 버퍼 오버플로우 공격의 수행 절차를 순서대로 바르게 나열한 것은?

㉠ 특정 함수의 호출이 완료되면 조작된 반환 주소인 공격 쉘 코드의 주소가 반환된다.

㉡ 루트 권한으로 실행되는 프로그램 상에서 특정 함수의 스택 버퍼를 오버플로우시켜서 공격 쉘 코드가 저장되어 있는 버퍼의 주소로 반환 주소를 변경한다.

㉢ 공격 쉘 코드를 버퍼에 저장한다.

㉣ 공격 쉘 코드가 실행되어 루트 권한을 획득하게 된다.
---

① ㉠ → ㉡ → ㉢ → ㉣

② ㉠ → ㉢ → ㉡ → ㉣

③ ㉢ → ㉡ → ㉠ → ㉣

④ ㉢ → ㉠ → ㉡ → ㉣

24 접근통제(access control) 모델에 대한 설명으로 옳지 않은 것은?

① 임의적 접근통제는 정보 소유자가 정보의 보안 레벨을 결정하고 이에 대한 정보의 접근제어를 설정하는 모델이다.

② 강제적 접근통제는 중앙에서 정보를 수집하고 분류하여, 각각의 보안 레벨을 붙이고 이에 대해 정책적으로 접근제어를 설정하는 모델이다.

③ 역할 기반 접근통제는 사용자가 아닌 역할이나 임무에 권한을 부여하기 때문에 사용자가 자주 변경되는 환경에서 유용한 모델이다.

④ Bell-LaPadula 접근통제는 비밀노출 방지보다는 데이터의 무결성 유지에 중점을 두고 있는 모델이다.

25 개인정보 보호법령상 개인정보 영향평가에 대한 설명으로 옳지 않은 것은?

① 공공기관의 장은 대통령령으로 정하는 기준에 해당하는 개인정보파일의 운용으로 인하여 정보주체의 개인정보 침해가 우려되는 경우에는 위험요인분석과 개선 사항 도출을 위한 평가를 하고, 그 결과를 행정안전부장관에게 제출하여야 한다.

② 개인정보 영향평가의 대상에 해당하는 개인정보파일은 공공기관이 구축·운용 또는 변경하려는 개인정보파일로서 50만명 이상의 정보주체에 관한 개인정보파일을 말한다.

③ 영향평가를 하는 경우에는 처리하는 개인정보의 수, 개인정보의 제3자 제공 여부, 정보주체의 권리를 해할 가능성 및 그 위험 정도, 그 밖에 대통령령으로 정한 사항을 고려하여야 한다.

④ 행정안전부장관은 제출받은 영향평가 결과에 대하여 보호위원회의 심의·의결을 거쳐 의견을 제시할 수 있다.

군무원

전산직
기출동형 모의고사

정답 및 해설

SEOWONGAK
(주)서원각

제1회 정답 및 해설

✏ 국어

1 ②

② 덩쿨→덩굴 또는 넝쿨이 옳은 표현이다.

2 ①

한글 표기는 발음대로 적되 어법에 맞게 적는 것을 원칙으로 한다. 즉 어법에 맞도록 표기할 때는 한 낱말에 들어 있는 형태소를 분명히 드러내어 적어야만 한다. 다만 표기 방식과 의미 파악 사이에 아무런 관련성이 없으면 발음대로 적는다.

※ 발음대로 적은 원칙

ㄱ '지붕=집+웅'으로 [지붕] 발음 그대로 적은 것이다.

ㄴ '의논(議論)'의 論은 원래 음이 [론]인데 '의논'으로 적은 것으로 발음대로 적은 것이다.

ㄹ '오시어요'의 준말은 '오셔요'가 어법에 맞는 것이지만, '오세요'를 표준어로 인정한 것은 소리나는 대로 적은 것으로 볼 수 있다.

3 ③

① 엘레베이터→엘리베이터
② 액서서리→액세서리
④ 로보트→로봇

※ 기타 주의해야 할 외래어표기법

바른 표기	잘못된 표기	바른 표기	잘못된 표기
비즈니스	비지니스	커피숍	커피샵
앰뷸런스	앰블란스	케첩	케찹
주스	쥬스	코미디언	코메디언
피날레	휘날레	탤런트	탈렌트
필름	필림	팸플릿	팜플렛

4 ②

② [위단뭄]→[윈난뭄], 다음 음절의 초성이 'ㅣ, ㅑ, ㅕ, ㅛ, ㅠ'로 시작할 때에는 'ㄴ'을 첨가하여 발음한다.

5 ①

① 심포지움→심포지엄

6 ③

'꼬이다'의 준말은 '꾀다'이다. 따라서 '꼬다/꼬이다'는 복수표준어가 아니고, '꾀다/꼬이다'가 복수표준어이다.

7 ④

④ 숙식을 부치다: 먹고 자는 것을 제 집이 아닌 곳에 의지하다
① 성장 → 생장
② 웬지 → 왠지
③ 불가결 → 불가피

8 ②

② 송무백열(松茂栢悅) : 소나무가 무성한 것을 보고 측백나무가 기뻐한다는 뜻으로, 벗이 잘됨을 기뻐한다는 의미
① 당랑거철(螳螂拒轍) : 사마귀가 수레를 막는다는 말로, 자기 분수를 모르고 상대가 되지 않는 사람이나 사물과 대적한다는 의미
③ 괄목상대(刮目相對) : 눈을 비비고 다시 본다는 뜻으로, 남의 학식이나 재주가 부쩍 진보한 것을 이르는 말
④ 반의지희(斑衣之戲) : 때때옷을 입고하는 놀이라는 뜻으로, 늙어서도 부모에게 효도함을 이르는 말

9 ②

식별(識別)은 분별하여 알아보다는 뜻이고 용이(容易)는 '용이하다.'의 어근으로 어렵지 않고 쉽다는 의미이다. 따라서 식별이 용이하다는 '분별하여 알아보기 쉽다.'는 말이다.

10 ①

② 15세기에는 주격조사 '-가'가 쓰이지 않았다.

③ '어리다'라는 단어의 뜻은 '현명하지 못하다'에서 '나이가 적다'로 바뀌었다.

④ 방점은 소리의 높낮이를 표시했던 것으로 현대 국어로 오면서 소멸되었다.

11 ③

제시문은 언어의 변화나 새 어형의 전파에 있어 라디오나 텔레비전 같은 매체와의 접촉보다는 사람들 사이의 직접적인 접촉이 결정적인 영향력을 행사한다고 주장한다. 이는 접촉의 형식도 언어 변화에 영향을 미치는 중요한 요소라는 것을 지적하는 것이다. 따라서 괄호 안에 들어갈 문장으로 가장 적절한 것은 ③이다.

12 ③

① '할아버지, 어머니가 진지 잡수시래요.'로 쓰는 것이 적절하다.

② '선친'은 돌아가신 자기 아버지를 남에게 이르는 말이다. 이 경우 '부친'이라는 표현이 적합하다.

④ '수고하셨습니다'는 동년배나 아랫사람에게 쓰는 말로 '애쓰셨습니다' 등으로 고쳐 쓰는 것이 적절하다.

13 ②

② 감각이 전이되는 공감각적 비유는 사용되지 않고 있다.

※ 한용운의 나룻배와 행인

　㉠ 갈래 : 자유시, 서정시

　㉡ 성격 : 서정적, 종교적, 상징적

　㉢ 주제 : 참된 사랑의 본질인 희망과 믿음(인내와 희생을 통한 사랑의 실천)

　㉣ 특징

　　• 나룻배와 행인의 관계를 통해 인내와 희생, 사랑에 대한 숭고한 의지를 노래

　　• 수미 상관의 구조를 통해 시의 안정감과 리듬감을 살림

　　• 여성적 어조를 사용하여 시적 효과를 극대화

　　• 상징적, 은유적 표현을 통해 함축미를 살림

14 ②

분노의 감정이 일었을 때 동물과 사람이 어떤 행동을 나타내는지에 대해 이야기하고 있다.

15 ③

③ 농부는 아들들에게 부지런히 밭을 파고 씨를 뿌려야 가을에 풍성한 곡식을 얻을 수 있다는 교훈을 말로 알려주는 대신, 자식들이 스스로 경험을 통해 깨닫도록 하였다.

16 ①

① 토론자들의 발언 전에 사회자가 순서를 말해주며 통제하고 있다.

② 사회자는 논제를 밝히고, 토론자의 입론을 잘 들었다고 이야기 할 뿐, 자신의 찬반에 대한 여부를 표명하고 있지 않다.

③ 반대 측 토론자 1은 찬성 측의 개념을 일부 수용하였지만, 찬성 측 토론자 1은 그렇지 않았다.

④ 찬성 측 토론자 1은 개념에 대한 정의를 자세하게 풀어가며 자신의 주장을 펼치고 있으며, 구체적 사례는 제시하지 않았다.

17 ③

③ 나무가 변화하는 모습을 감각적 이미지로 묘사하고 있는 부분은 찾아볼 수 없다.

18 ③

'줄여 간 게 아니라면 그래도 잘된 게 아니냐는 위로에 반응이 신통치 않았고, '집이 형편없이 낡았다'고 토로했다. 이에 대해 이어지는 '낡았다고 해도 설마 무너지기야 하랴'라는 말에 위로치고는 어이가 없어서 웃었을 것으로 짐작할 수 있다.

19 ①

㈎ 의사소통의 네 가지 기능 → ㈒ 네 영역에 대한 교수학습의 조직화의 필요성 → ㈐ 한국어의 특수성에 맞는 연구 결과의 조정 → ㈓ 연구 성과를 현장에 반영하기 위한 교사의 방법 → ㈏ 최고의 방법 → ㈑ 결론

20 ②

문제에서 제시한 서론은 전통 음악의 대중화 방안이 시급함을 주제로 한다. 화자에게 서양 음악은 낯선 음악으로 부정적으로 생각하는 대상이다. 따라서 서양 음악에 대한 이해 증진은 본론에 들어갈 내용으로 적절하지 않다.

21 ①

지문은 1인칭 주인공 시점이다.

22 ④

윗글의 두 번째 문단 둘째 줄에서 '영어는 국제 경쟁력을 키우는 차원에서 반드시 배워야 한다. 하지만 영어보다 더 중요한 것은 우리의 말과 글이다.'라는 부분과 세 번째 문단 둘째 줄에 있는 '하지만 우리의 말과 글을 바로 세우는 일에도 소홀해서는 절대 안 된다.'라고 한 부분을 통해서 ④의 내용이 필자의 주장임을 알 수 있다.

23 ④

위 글에서는 인공조형물에 대한 설명이 없으므로 보기 ④가 적절하지 않은 것이다.

24 ②

화자는 두 번째 문단 중간부분에서 '이러한 현실을 앞에 놓고서 민족 문화의 전통을 찾고 이를 계승하고자 한다면'이라고 언급하고 있다. 글의 흐름으로 볼 때 화자가 이 글을 통해 이야기하고자 하는 것은 민족 문화와 그 계승이라는 것을 추론해 볼 수 있다. 따라서 괄호 안에 들어갈 말로 가장 적절한 것은 ②이다.

25 ③

③ 편력(遍歷) : 이곳저곳을 널리 돌아다님. 또는 여러 가지 경험을 함
① 가상(假像) → 가상(假想)
   • 가상(假像) : 실물처럼 보이는 거짓 형상
   • 가상(假想) : 사실이 아니거나 사실 여부가 분명하지 않은 것을 사실이라고 가정하여 생각함
② 가시(可示) → 가시(可視)
   • 가시(可視) : 눈으로 볼 수 있는 것
④ 과장(誇長) → 과장(誇張)
   • 과장(誇張) : 사실보다 지나치게 불려서 나타냄

✎ **컴퓨터일반**

1 ③

③ 권한 옆의 숫자 2는 하드 링크(hard Link) 파일의 개수를 나타내는 것으로 일반 파일의 경우 기존 파일에 하드 링크를 거는 경우 링크 수도 증가 되지만 심볼릭 링크는 파일에 대한 링크를 생성하더라도 링크 수는 증가하지 않는다.

2 ①

① 리눅스는 단일형 커널 방식으로 구현되었다.
※ **커널의 종류**
   ㉠ 단일형 커널 : 커널의 다양한 서비스 및 높은 수준의 하드웨어 추상화를 하나의 덩어리로 묶은 것으로 유지보수가 어렵지만 성능이 좋다.
   ㉡ 마이크로 커널 : 하드웨어 추상화에 대한 간결한 작은 집합을 제공하고 보다 많은 기능은 서버를 통해 제공한다.
   ㉢ 혼합형 커널 : 성능의 향상을 위해 추가적인 코드를 커널 공간에 넣은 점을 제외하고는 마이크로 커널과 유사하다.
   ㉣ 엑소 커널 : 낮은 수준의 하드웨어 접근을 위한 최소한의 추상화를 제공한다.

3 ③

객체지향 언어의 특징
   ㉠ 캡슐화(encapsulation) : 데이터와 데이터의 행동 양식을 결정하는 코드를 한 번에 묶는 구조로 내부의 정보를 외부에서 볼 수 없도록 하는 것이 특징이다.
   ㉡ 추상화(abstraction) : 객체들의 공통적인 특징을 뽑아내는 과정을 말한다.
   ㉢ 상속성(inheritance) : 클래스가 멤버 함수나 멤버 변수 등 자신의 모든 특성을 기준으로 자신의 자식 클래스를 작성할 수 있는 특성을 말한다.
   ㉣ 다형성(polymorphism) : 같은 메시지에 대해 클래스에 따라 다른 행위를 하게 되는 특징으로 최종적으로는 다르나 연관이 있는 두 가지 이상의 용도로 하나의 이름을 사용할 수 있게 한다.

4 ③

③ 워드프로세서는 응용 소프트웨어이다.

5 ②

교착상태의 발생 조건

ㅇ **상호배제**(mutual exclusion) : 오직 한 프로세스만이 자원을 소유할 수 있음을 의미하며 여러 프로세스가 공유하지 못하고 하나의 프로세스만이 그 자원을 사용할 수 있는 상황을 말한다.

ㅇ **점유대기**(hold and wait) : 프로세스가 자신에게 할당된 자원을 유지하고 있는 상태에서 다른 자원을 요청함을 의미한다.

ㅇ **비선점**(no preemption) : 프로세스에 할당된 자원을 강제로 회수해 올 수 없음을 의미한다.

ㅇ **환형(순환)대기**(circular wait) : 대기프로세스를 추적하면 최초 프로세스로 돌아오게 되는 상태 즉, 각 프로세스는 순환적으로 다음 프로세스가 요구하는 자원을 가지고 있음을 의미한다.

6 ②

• **최초적합**(First Fit) 방법 : 첫 번째 적합한 분할 영역에 배치

• **최적적합**(Best Fit) 방법 : 단편화를 가장 적게 남기는 분할 영역에 배치

• **최악적합**(Worst Fit) 방법 : 단편화를 가장 많이 남기는 분할 영역에 배치

13KB를 요구하므로

M1	16KB	최초적합
M2	14KB	최적적합
M3	5KB	
M4	30KB	최악적합

7 ②

Windows 7에서는 네트워크 프린터의 기본 프린터 설정이 가능하다. '제어판→프린터 및 팩스→프린터 추가'에서 프린터 추가 마법사를 실행한다.

8 ②

응답 시간과 데이터 입력 방식에 따른 운영체제의 분류

ㅇ **일괄처리**(batch) **시스템** : 일정한 수준이 될 때까지 작업을 모아두었다가 한꺼번에 일시에 처리

ㅇ **대화식**(interactive) **시스템** : 응답시간의 예측이 가능해야 처리할 수 있음

ㅇ **실시간**(real - time) **시스템** : 데이터를 입력하는 즉시 결과를 받아 볼 수 있음

ㅇ **혼합**(hybrid) **처리 시스템** : 일괄 처리와 대화식 처리가 결합

9 ③

너비 우선 탐색(BFS)은 현재 선택된 노드의 이전에 연결된 모든 노드가 탐색되도록 하는 방법으로 A→B→F→C→D→E가 되며, 깊이 우선 탐색(DFS)은 다음에 이동할 노드를 깊이에 따라 먼저 선택하는 방법으로 A→B→C→D→E→F의 순이 된다.

10 ③

집계함수의 종류

ㅇ COUNT : NULL값이 아닌 레코드 수를 구함

ㅇ SUM : 필드명의 합계를 구함

ㅇ AVG : 각각의 그룹 내의 필드명의 평균값을 구함

ㅇ MAX : 최댓값을 구함

ㅇ MIN : 최솟값을 구함

11 ①

착수일을 구하는 문제로 작업 C의 착수일(earliest start time)은 작업 A(15일)와 작업 B(10)가 끝나야 가능하다. 작업 C의 가장 빠른 착수일은 (earliest start time)은 작업 A가 완료되는 시점인 15일이 된다. 또한 작업 A의 가장 늦은 착수일(latest start time)은 임계작업 − 남은작업으로 계산이 되므로 40−25=15일이며, 여유 기간(slack time)은 가장 늦은 착수일에서 가장 빠른 착수일을 빼므로 0이 된다.

12 ②

② 주소필드를 사용하지 않고 스택(Stack) 메모리를 사용한다. 스택(Stack)은 LIFO 구조이므로 후위식으로 바꾸어 주어야 한다. PUSH 연산을 3번 수행한 후, ADD 명령문을 만났을 때 B+A 연산을 수행하고, MUL 명령문을 수행하면 (A+B)*C 가 된다.

13 ④

트랜잭션 4가지 특성(ACID)에는 원자성, 일관성, 독립성, 영속성(지속성)이 있으며 영속성(Duravility)은 성공적으로 완료된 트랜잭션의 결과는 영구적으로 반영되어야 함을 의미한다.

14 ②

진법변환에 관한 문제로 다양한 진수를 10진수로 변환하면 빠르게 답을 찾을 수 있다.

그 중, 8 · 16진수는 2진수로 바꾼 뒤 10진수로 변환해야 한다.

㉠ $F9_{16} \rightarrow 1111100_{12} \rightarrow 249_{10}$

㉡ 256_{10}

㉢ $11111111_2 \rightarrow 255_{10}$

㉣ $370_8 \rightarrow 011111000_2 \rightarrow 248_{10}$

※ 진법 변환 시 참고표

일련 번호	10진수	2진화 10진수	16진수	2진화 16진수
1	0	0000	0	0000
2	1	0001	1	0001
3	2	0010	2	0010
4	3	0011	3	0011
5	4	0100	4	0100
6	5	0101	5	0101
7	6	0110	6	0110
8	7	0111	7	0111
9	8	1000	8	1000
10	9	1001	9	1001
11			A(10)	1010
12			B(11)	1011
13			C(12)	1100
14			D(13)	1101
15			E(14)	1110
16			F(15)	1111

15 ④

공개키(public key)

㉠ 서로 다른 키로 데이터를 암호화하고 복호화한다.

㉡ 데이터를 암호화할 때 사용하는 키(공개키, public Key)는 데이터베이스 사용자에게 공개하고, 복호화할 때의 키(비밀키, secret key)는 관리자가 비밀리에 관리하는 방법이다.

㉢ 비대칭 암호화 방식이라고도 하며, 대표적으로 RSA가 있다.

• 장점 : 키의 분배가 용이하고, 관리해야 할 키의 개수가 적음

• 단점 : 암호화/복호화 속도가 느리며, 알고리즘이 복잡하고 파일 크기가 큼

16 ④

비결정적 유한 오토마타(non-deterministic finite automata)란 어떤 상태에서 주어진 하나의 입력기호를 보고, 갈 수 있는 다음 상태가 두 개 이상 존재할 수 있는 오토마타이다.

17 ③

㉠ 서브넷 마스크(Subnet Mask)는 커다란 네트워크를 서브넷으로 나눠주는 네트워크의 중요한 방법 중 하나이다. 브로드캐스트의 단점을 보완하기 위한 방법으로 할당된 IP 주소를 네트워크 환경에 알맞게 나누어주기 위해 만들어지는 이진수의 조합이다.

㉡ 8개 하위 네트워크로 나누기 위해 3비트가 필요하며, 오른쪽 8비트에서 하위 5비트가 모두 1인 경우는 8가지이다(00011111, 00111111, 01011111, 01111111, 10011111, 10111111, 11011111, 11111111). 즉, (31, 63, 95, 129, 159, 191, 223, 255)이다.

18 ③

클라우드는 서비스 모델에 따라 크게 3가지로 분류된다. 가상 컴퓨팅 시스템이나 네트워크를 만들 수 있게 해주는 IaaS(Infrastructure as a Service), 브라우저를 통해 인터넷상에서 보편적으로 이용할 수 있는 애플리케이션을 나타내주는 SaaS(Software as a Service), 애플리케이션을 구축할 개발 환경을 만들어주는 PaaS(Platform as a Service)가 있다.

19 ③

for문은 5부터 하나씩 감소하며 반복하고, if문을 보면 i값이 홀수인 경우에만 printf문이 수행된다. 즉, i값이 5, 3, 1일 때 출력이 되며, 위의 문제에서 세 번째 줄에 출력되는 것이므로 1일때만 생각하면 된다. i값이 1일 때 func함수의 num변수가 1이 되므로 결과적으로 1이 반환되면 출력되는 것은 func(1):1이 된다.

20 ②

연결리스트는 동적배열과 비슷하지만 동적배열에 비해 데이터를 유연하게 삽입, 삭제할 수가 있다.
동적배열의 경우에는 삽입을 하기 위해선 배열의 크기를 체크하고 배열의 공간이 꽉 차있다면 realloc을 한다. 그리고 삽입, 삭제할 지점 이후의 자료들은 메모리의 이동이 이루어지기 때문에 삽입시 부자연스럽기도 하다.
연결리스트에 새로운 노드를 삽입하기 위해서는 1→2와 같은 상태였다면 그 사이에 3을 삽입하기 위해서 3의 링크가 2를 가리키게 하고, 1의 링크가 3을 가리키게 하여 1→3→2로 연결되게 한다. ㉠의 다음에서 앞의 노드의 링크가 새로운 노드를 가리키게 하고 있으므로, 빈 칸 ㉠에서는 새로운 노드가 기존의 PreNode의 링크(다음 것을 가리키고 있었음)를 가져오면 된다. newNode→link = preNode→link;

21 ①

데이터 링크 계층 ⋯ 두 논리적 장치 사이의 데이터 수신과 송신을 담당하고 통신회선의 전송에 대응하는 데이터링크 프로토콜을 실행하는 OSI의 7개 계층 가운데 하위에서 두 번째 계층에 해당되는 것으로 물리층의 상위층이다. 물리적 계층에서 발생하는 오류를 발견하고 수정하는 기능을 맡고 링크의 확립, 유지, 단절의 수단을 제공한다.

22 ③

해싱(hashing) ⋯ 주어진 속성값을 기초로 하여 원하는 목표 레코드를 직접 접근할 수 있게 하는 기법이다. 데이터의 신속한 탐색을 위해 데이터를 해싱 테이블이라는 배열에 저장하고 데이터의 키 값을 주면 이를 적절한 해싱 함수를 통해서 테이블의 주소로 변환하여 원하는 데이터를 찾아내는 방법이다.
해싱함수란 레코드의 키 값을 이용해서 레코드를 저장할 주소를 산출해 내는 어떠한 수학식이다.

23 ②

가상기억장치 ⋯ 주기억장치 안의 프로그램 양이 많아질 때, 사용하지 않는 프로그램을 보조기억장치 안의 특별한 영역으로 옮겨서, 그 보조기억장치 부분을 주기억장치처럼 사용할 수 있는데, 이때 사용하는 보조기억장치의 일부분을 말한다.
하나의 프로그램을 여러 개 블록 또는 조각으로 나누어 주기억장치 내에 분산시켜 배치하는 방식으로 그 조각들이 반드시 인접하지 않아도 되며 가상기억공간과 실기억공간을 연결하는 주소매핑 과정이 필요하다.
㉠ 페이징기법
• 블록 사이즈가 동일한 방식으로 사용자가 작성한 프로그램은 하드웨어에 의해 페이지 단위로 분해된다.
• 보조기억장치의 페이지 크기와 주기억장치의 페이지 프레임의 크기가 동일하므로, 외부 단편화가 발생하지 않는다.
㉡ 세그멘테이션 기법
• 블록 사이즈가 가변적인 방식으로서, 가변 사이즈 블록을 세그먼트라 한다.
• 기억장치의 사용자 관점을 지원하는 기억장치 관리 기법으로 논리 주소 공간은 세그먼트의 모임이다. 그러므로 최초, 최적, 최악 적합 등 배치기법이 필요하다.

24 ④

BCNF 정규형 ⋯ 릴레이션 R에서 함수 종속성 X→Y가 성립할 때 모든 결정자 X가 후보키이면 BCNF 정규형이라고 한다.
함수적 종속(A→B, A→C)에서 결정자는 A뿐이다. BCNF는 릴레이션 R의 모든 결정자가 후보키라는 조건을 만족해야 하므로 A결정자를 키로 하는 S(A, B, C)와 T(A, D)로 분해할 수 있다. A와 D간에는 함수적 종속 관계가 없으므로 (A, D)의 쌍이 후보키로서 결정자이다.

25 ②

IP 주소는 총 32비트를 8비트 단위로 나누어 각 부분을 점으로 구분된 4개의 필드를 10진수로 나타내며 해당 네트워크를 구분하기 위한 네트워크 주소와 네트워크 내에서 호스트를 구분하기 위한 호스트 주소로 구성된다(네트워크 주소 + 호스트 주소=32비트).

IPv4는 인터넷 프로토콜의 4번째 판이며, 전 세계적으로 사용된 첫 번째 인터넷 프로토콜이다.

✎ 정보보호론

1 ②

사회공학적 공격이란 시스템이나 네트워크의 취약점을 이용한 해킹기법이 아니라 사회적이고 심리적인 요인을 이용하여 해킹하는 것을 가리키는 것으로 흔히 미숙한 사용자들이 능숙한 해커의 사회 공학적 공격 대상이 된다.

2 ④

능동적 공격

㉠ **무차별 공격(Brute-Force)** : 암호 해독 가능성이 있어보이는 모든 조합을 대입하려는 시도

㉡ **신분위장(Masquerading)** : spoofing과 동의어. 권한을 가진 사람처럼 가장할 수 있는 데이터를 사용해 공격하는 방법이다.

㉢ **패킷 재사용(Packet Replay)** : 전송되는 패킷을 기록하여 이를 재사용 한다.

㉣ **메시지 수정(Message Modification)** : 전송되는 패킷을 가로채어 변경하고 이를 전송함으로써 본래의 메시지를 변형시키는 방법이다.

㉤ **서비스 거부 공격(Denial of service Attack)** : 한 사용자가 시스템의 리소스를 모두 독점하거나 파괴함으로써 다른 사용자들의 서비스 이용을 불가능하게 만드는 공격이다. SYN Flooding, ping Flooding, DDoS 등의 유형이 있다.

3 ①

① 핫 사이트(Hot Site)란 시스템 재해 복구 방안으로 주요 데이터 및 시스템과 애플리케이션 환경을 실시간으로 원격지에 복제하여 재해 발생 시 최단 시간 내에 데이터 유실 없이 복구할 수 있도록 이중화하는 방식이다. 시스템 환경이 이중화되어 있으므로 상시 시스템 검증이 가능한 이상적인 방식이나, 이중화 설비 투자 및 전용선 유지 비용이 많이 든다.

② 미러 사이트(Mirror Site)란 다른 사이트의 정보를 그대로 복사하여 관리하는 사이트이다.

③ 웜 사이트(Warm Site)란 쿨 사이트와 핫 사이트의 절충 사이트로서 이 사이트들에는 하드웨어가 있고 연결이 이미 확립되어 있지만 원래의 생산 사이트나 핫 사이트보다도 규모가 작은 편이다.

④ 콜드 사이트(Cold Site)란 재해 발생을 대비하여 평상시 주기적으로 주요 데이터를 백업해 보관하거나 소산해 두고 재해 발생 시에 시스템 운용을 재개할 수 있도록 별도의 물리적인 공간과 전원 및 배전 설비, 통신 설비 등을 이용하는 복구 방식이다.

4 ③

대칭키 암호 알고리즘은 암호화 알고리즘의 한 종류로, 암호화와 복호화에 같은 암호키를 쓰는 알고리즘을 의미한다. 대칭키 암호에서는 암호화를 하는 측과 복호화를 하는 측이 같은 암호키를 공유해야 한다. 많은 암호화 통신에서는 비밀키 암호를 사용하여 대칭키 암호의 공통 키를 공유하고 그 키를 기반으로 실제 통신을 암호화하는 구조를 사용한다.

※ **정보보안의 3요소**

㉠ **기밀성** : 비인가된 개인, 단체 등으로부터 정보 보호를 한다.

㉡ **무결성** : 정보의 저장, 전달시 비인가된 방식으로 정보와 소프트웨어가 변경 · 파괴 · 훼손되지 않도록 정확성, 완전성을 보호한다.

㉢ **가용성** : 인가된 사용자가 정보나 서비스를 요구할 때 사용하도록 하는 것이다.

5 ①

- **공개키 기반 구조**(PKI : Public Key Infrastructure) … 공개키 암호방식에서 사용자의 공개키를 안전하고 신뢰성있게 인증하는 수단을 제공하며 사용자 공개키와 사용자 ID를 안전하게 전달하는 방법과 공개키를 신뢰성 있게 관리하기 위한 수단을 제공한다.
- **인증서** … 한 쌍의 공개키/개인키와 특정사람/기관을 연결시켜주는 해당 키가 특정인의 것이라는 것을 보증해 주는 것이다.
- **인증기관**(CA) … 인증정책을 수립하고, 인증서 및 인증서 효력정지 및 폐지목록을 관리하며, 다른 CA와 상호인증을 제공한다.

※ 인증기관의 주요 역할
  - ㉠ 키 쌍의 작성 : 이용자가 키 쌍을 작성할 때는 PKI의 이용자가 행하는 경우와 인증기관이 행하는 경우 두 가지가 있다.
  - ㉡ 인증서 등록
  - ㉢ 인증서 폐지

6 ③

비정상행위(anomaly) **탐지 기법** … Behavior나 Statistical Detection이라고 불리기도 하며, 정상적인 시스템 사용을 기준으로 이에 어긋나는 행위를 탐지하는 방식이다. 시스템 가동 전에 정상적인 사용자의 로그인 횟수, CPU 사용량, 디스크 읽기/쓰기 횟수 등의 통계적 기준선을 설정한 뒤 IDS에게 기준선을 초과하는 비정상 행위를 탐지하게 한다. 탐지 과정에서 기존의 기준선을 수정하거나 새로 갱신할 수 있다. 비정상 행위 탐지는 알려지지 않은 침입도 감지할 수 있는 장점이 있다. 그러나 감사 자료만 가지고 침입을 판단하기에는 무리가 있으며 시간의 범위나 횟수를 설정하는 것도 어렵다.

7 ③

강한 충돌 저항성(stong collision resistance) … 정해지지 않은 랜덤한 해시값에 대해 서로 다른 두 개의 메시지가 발견되는 것이 어렵다는 성질이다.

8 ①

A : 3 B : 2

$7^3 \bmod 23 = 21 \quad 7^2 \bmod 23 = 3$

$7^{3 \times 2} \bmod 23 \qquad 7^{2 \times 3} \bmod 23$

$7^6 \bmod 23 = ((7^2 \bmod 23) \times (7^2 \bmod 23) \times (7^2 \bmod 23)) \bmod 23$

$\qquad = 3^3 \bmod 23 = 4$

9 ②

공인인증서의 발급〈전자서명법 제15조〉
① 공인인증기관은 공인인증서를 발급받고자 하는 자에게 공인인증서를 발급한다. 이 경우 공인인증기관은 공인인증서를 발급받고자 하는 자의 신원을 확인하여야 한다.
② 공인인증기관이 발급하는 공인인증서에는 다음의 사항이 포함되어야 한다.
  1. 가입자의 이름(법인의 경우에는 명칭을 말한다)
  2. 가입자의 전자서명검증정보
  3. 가입자와 공인인증기관이 이용하는 전자서명 방식
  4. 공인인증서의 일련번호
  5. 공인인증서의 유효기간
  6. 공인인증기관의 명칭 등 공인인증기관임을 확인할 수 있는 정보
  7. 공인인증서의 이용범위 또는 용도를 제한하는 경우 이에 관한 사항
  8. 가입자가 제3자를 위한 대리권 등을 갖는 경우 또는 직업상 자격 등의 표시를 요청한 경우 이에 관한 사항
  9. 공인인증서임을 나타내는 표시
③ 삭제
④ 공인인증기관은 공인인증서를 발급받고자 하는 자의 신청이 있는 경우에는 공인인증서의 이용범위 또는 용도를 제한하는 공인인증서를 발급할 수 있다.
⑤ 공인인증기관은 공인인증서의 이용범위 및 용도, 이용된 기술의 안전성과 신뢰성 등을 고려하여 공인인증서의 유효기간을 적정하게 정하여야 한다.
⑥ 공인인증서 발급에 따른 신원확인 절차 및 방법 등에 관하여 필요한 사항은 과학기술정보통신부령으로 정한다.

10 ①

ARP Spoofing … 로컬 상(LAN 구간)에서 사용자와 게이트웨이 통신 간에 ARP 테이블의 cache 정보를 속이고 끼어들어 도청하는 것을 말한다. 보통 사용자와 게이트웨이나 외부로 통신을 적어도 한번이라도 하면 ARP 테이블에 IP 주소와 MAC 주소값이 매핑되어 등록이 된다. 이 등록되어 있는 정보를 IP는 게이트웨이 주소로 남겨두고 MAC 주소를 자신의 MAC 주소로 슬쩍 바꿔치기한다.

※ 서비스 거부 공격 … 공격대상의 시스템을 공격하여 공격대상 서버의 정상적인 서비스 제공을 방해하거나 시스템 자원을 부족하게 하여 차단하는 공격 유형이다.

※ 서비스 거부 공격의 종류

    ㉠ Smurf : 출발지 주소가 공격 대상으로 바꾸어진 ICMP Request 패킷을 시스템이 충분히 많은 네트워크로 브로드캐스트 한다. ICMP Request 패킷을 받은 시스템들이 공격 대상에게 ICMP Reply 를 보내게 하여 공격대상을 과부하 상태로 만든다.

    ㉡ SYN Flooding : TCP의 연결과정인 3방향 핸드셰이킹의 문제점을 악용한 공격방법이다.

11 ④

해시함수란 하나의 문자열을 보다 빨리 찾을 수 있도록 주소에 직접 접근할 수 있는 짧은 길이의 값이나 키로 변환하는 알고리듬을 수식으로 표현한 것으로 해싱함수(hashing function) h(k)는 어떤 키 k에 대한 테이블 주소(table address)를 계산하기 위한 방법으로 주어진 키 값으로부터 레코드가 저장되어 있는 주소를 산출해 낼 수 있는 수식을 말한다. 문자열을 찾을 때 문자를 하나하나 비교하며 찾는 것보다는 문자열에서 해시 키를 계산하고 그 키에 해당하는 장소에 문자열을 저장해 둔다면, 찾을 때는 한 번의 해시 키 계산만으로도 쉽게 찾을 수 있게 된다.

① 입력은 가변길이를 갖고 출력은 고정길이를 갖는다.

② 해시함수는 동일한 출력을 갖는 입력이 두 개 이상 존재하기 때문에 충돌이 발생한다.

③ MAC 알고리즘은 키를 사용한다.

12 ②

Diffie-Hellman … Diffie와 Hellman은 1976년 공개된 채널 상에서의 비밀키의 교환에 관한 다음 개념을 제안하였고, 언급된 트랩도어 개념의 필요성을 역설하였다. 이러한 동일한 비밀키를 얻게 되면 송신자와 수신자는 이 키를 공유하여, 각기 자신의 평문을 암호화하거나 암호문을 해독할 수 있게 된다.

※ 중간자 개입(Man-in-the-middle) 공격 … 통신하고 있는 두 당사자 사이에 끼어들어 당사자들이 교환하는 공개정보를 자기 것과 바꾸어버림으로써 들키지 않고 도청을 하거나 통신내용을 바꾸는 수법이다.

13 ②

② 암호화된 메시지를 송신할 때는 수신자의 공개키를 사용하며, 암호화된 서명 송신 시에는 송신자의 개인키를 사용한다.

※ PKI

    ㉠ PKI의 정의

    • 사용자의 공개키를 인증해주는 인증기관들의 네트워크

    • 모르는 사람과의 비밀 통신을 가능하게 하는 암호학적 키와 인증서의 배달 시스템

    • 공개키의 인증서를 이용해 공개키들을 자동적으로 관리해주는 기반구조

    • 공개키 인증서를 발행하고 그에 대한 접근을 제공하는 인증서 관리 기반구조

    • 이를 통합하여 정리하면 정보시스템 보안, 전자상거래, 안전한 통신 등의 여러 응용분야에서 인증서(certificate)의 사용을 용이하도록 하는 정책, 수단, 도구 등을 수립하고 제공하는 객체들의 네트워크이다.

    ㉡ PKI가 제공하는 서비스

    • 프라이버시 : 정보의 기밀성을 유지한다.

    • 접근 제어 : 선택된 수신자만이 정보에 접근하도록 허락한다.

    • 무결성 : 정보가 전송중에 변경되지 않았음을 보장한다.

    • 인증 : 정보의 원천지를 보장한다.

    • 부인 봉쇄 : 정보가 송신자에 의해 전송되었음을 보장한다.

14 ①

① 패킷 필터링은 방화벽의 보안 서비스이다.

※ **가설사설망**(VPN) … 인터넷 같은 공중망을 사용하여 사설망을 구축하게 해주는 기술 또는 통신망으로 인터넷이라는 공중망을 기본으로 하기 때문에 적절한 통신속도 및 대역폭에 대해 보장이 필요하다. 확실한 정보보호를 위한 암호화 기술과 전자인증 기술이 가설사설망의 핵심 구현 기술이다.

15 ④

④ 통계적 분석에 대한 설명이다.

※ **블록 암호 공격 방법**

ㄱ **차분 공격** : 1990년 Biham과 Shamir에 의하여 개발된 선택된 평문 공격법으로, 두 개의 평문 블록들의 비트의 차이에 대하여 대응되는 암호문 블록들의 비트의 차이를 이용하여 사용된 암호열쇠를 찾아내는 방법이다.

ㄴ **선형 공격**(Linear Cryptanalysis) : 1993년 Matsui에 의해 개발되어 알려진 평문 공격법으로, 알고리즘 내부의 비선형 구조를 적당히 선형화시켜 열쇠를 찾는 방법이다.

ㄷ **전수 공격**(Exhaustive key search) : 1977년 Diffie와 Hellman이 제안한 방법으로 암호화할 때 일어날 수 있는 모든 가능한 경우에 대하여 조사하는 방법으로 경우의 수가 적을 때는 가장 정확한 방법이지만, 일반적으로 경우의 수가 많은 경우에는 실현 불가능한 방법이다.

ㄹ **통계적 분석**(Statistical analysis) : 암호문에 대한 평문의 각 단어의 빈도에 관한 자료를 포함하는 지금까지 알려진 모든 통계적인 자료를 이용하여 해독하는 방법이다.

ㅁ **수학적 분석**(Mathematical analysis) : 통계적인 방법을 포함하며 수학적 이론을 이용하여 해독하는 방법이다.

16 ④

④ nslookup 명령어는 네트워크 관리 명령 줄 인터페이스 도구로서 많은 컴퓨터 운영 체제에서 사용 가능하며, 도메인 네임을 얻거나 IP 주소 매핑 또는 다른 특정한 DNS 레코드를 도메인 네임 시스템(DNS)에 질의할 때 사용된다.

17 ③

③ Unvalidated Redirects and Forwards(검증되지 않은 리다이렉트, 포워드)는 2013년 발표한 OWASP의 10위이다.

※ **10대 웹 애플리케이션 보안 위험**

1. Injection : SQL 삽입, 명령어 삽입, LDAP 삽입과 같은 취약점이 포함되며, 주요 원인은 신뢰할 수 없는 외부 값에 의해 발생되며, 명령어 실행 또는 접근이 불가한 데이터에 대한 접근 등의 취약점을 발생시킨다.

2. **인증 및 세션 관리 취약점**(Broken Authentication and Session Management) : 인증과 세션 관리와 관련된 애플리케이션의 비정상적인 동작으로 인해 패스워드, 키, 세션 토큰 및 사용자 도용과 같은 취약점을 발생시킨다.

3. **크로스 사이트 스크립트**(XSS) : 신뢰할 수 없는 외부 값을 적절한 검증 없이 웹 브라우저로 전송하는 경우 발생되는 취약점으로 사용자 세션을 가로채거나, 홈페이지 변조, 악의적인 사이트 이동 등의 공격을 수행할 수 있다.

4. **취약한 직접 개체 참조**(Insecure Direct Object References) : 파일, 디렉터리, 데이터베이스 키와 같은 내부적으로 처리되는 오브젝트가 노출되는 경우, 다운로드 취약점 등을 이용하여 시스템 파일에 접근하는 경우 등을 의미한다.

5. **보안 설정 오류**(Security Misconfiguration) : 애플리케이션, 프레임워크, 애플리케이션 서버, 데이터베이스 서버 플랫폼 등에 보안설정을 적절하게 설정하고, 최적화된 값으로 유지하며, 또한 소프트웨어는 최신의 업데이트 상태로 유지하여야 한다.

6. **민감데이터 노출**(Sensitive Data Exposure) : 대다수의 웹 애플리케이션은 카드번호 등과 같은 개인정보를 적절히 보호하고 있지 않기 때문에, 개인정보 유출과 같은 취약점이 발생되고 있다. 이를 보완하기 위해서는 데이터 저장 시 암호화 및 데이터 전송 시에도 SSL 등을 이용해야 한다.

7. **기능 수준의 접근통제 누락**(Missing Function Level Access Control) : 가상적으로는 UI에서 보여 지는 특정 기능을 수행 전, 기능접근제한 권한을 검증해야 하나, 애플리케이션은 각 기능에 대한 접근 시 동일한 접근통제검사 수행이

요구된다. 만일 적절하게 수행되지 않는 경우 공격자는 비 인가된 기능에 접근하기 위해, 정상적인 요청을 변조할 수 있다.

8. **크로스 사이트 요청 변조(CSRF)** : 로그온 된 피해자의 웹 브라우저를 통해, 세션 쿠키 및 기타 다른 인증정보가 포함된 변조된 HTTP 요청을 전송시켜 정상적인 전송적인 요청처럼 보이게 하는 기법으로 물품구매, 사이트 글 변조 등의 악의적인 행동을 하는 취약점을 의미한다.

9. **알려지지 않은 취약점이 있는 컴포넌트 사용**(Using Components with Known vulnerabilities) : 슈퍼 유저 권한으로 운영되는 취약한 라이브러리, 프레임워크 및 기타 다른 소프트웨어 모듈로 인해 데이터 유실 및 서버 권한 획득과 같은 취약성이 존재한다.

10. **검증되지 않은 리다이렉트 및 포워드**(Unvalidated Redirects and Forwards) : 마치 안전할 듯한 것처럼 위장된 사이트로 리다이렉트를 하여 사용자가 공격자가 원하는 사이트로 접속하도록 하는 공격하는 취약점을 말하는 것이다.

18 ④

S/MIME(Secure/Multipurpose Internet Mail Extensions)은 MIME 데이터를 안전하게 송수신하는 방법을 제공한다. 인터넷의 MIME 표준에 의거하여 S/MIME은 전자 메시지에 있어서 인증, 메시지 무결성, 송신처의 부인방지(전자서명 이용), 프라이버시와 데이터 보안(암호 이용)과 같은 암호학적 보안 서비스를 제공한다. S/MIME은 기존의 우편 서비스의 사용자 에이전트(MUA, Mail User Agent)에 송신하는 메시지에 암호 서비스를 부가시키고 수신 받은 메시지의 암호 서비스를 해석하는 데 이용된다. 그러나, S/MIME은 전자우편에만 한정되어 있지는 않다. HTTP와 같은 MIME 데이터를 전달하는 전송 메커니즘에도 사용된다. 따라서, S/MIME은 MIME의 객체 기반적인 특징을 이용하며 여러 가지 전송 시스템 내의 메시지의 교환을 제공한다.

19 ③

ISMS(Information Security Management System)를 흔히 정보 보안 경영시스템이라고 해석한다. BSI에서는 기업이 민감한 정보를 안전하게 보존하도록 관리할 수 있는 체계적 경영시스템이라고 정의한다.

정보보호 정책수립 및 범위설정	• 정보보호정책의 수립 • 범위설정
경영진 책임 및 조직구성	• 경영진 참여 • 정보보호, 조직구성 및 자원할당
위험관리	• 위험관리 방법 및 계획수립 • 위험 식별 및 평가 • 정보보호 대책 선정 및 이행계획 수립
정보보호대 책 구현	• 정보보호대책의 효과적 구현 • 내부공유 및 교육
사후관리	• 법적요구사항 준수 검토 • 정보보호 관리체계 운영현황관리 • 내부감사

20 ①

① 디지털서명 시스템에서 메시지는 일반적으로 매우 길지만 그래도 비대칭키 시스템을 사용해야만 한다. 이 경우에 비효율성 문제를 해결하기 위해 실제 메시지보다 훨씬 짧은 메시지 다이제스트에 서명을 하는 방법을 이용한다.

21 ①

보안공격

㉠ 기밀성을 위협하는 공격(소극적 공격)
  • 스누핑(Snooping) : 도청(탈취)을 의미
  • 트래픽 분석(Traffic Analysis) : 전송의 성향을 추측하는데 도움, 질의와 응답을 수집

㉡ 무결성을 위협하는 공격(적극적 공격)
  • 재전송(replaying) : 시간이 경과한 후에 재전송 함으로써 지연
  • 변조(modification) : 법으로 수정하거나, 메시지 전송을 지연, 순서 변경
  • 신분 위장(masquerading) : 다른 형태의 적극적 공격과 병행해서 수행

㉢ 가용성을 위협하는 공격

- 서비스 거부 : 서비스를 느리게 하거나 완전히 차단

※ 소극적 공격, 적극적 공격

　　㉠ 소극적 공격 : 시스템에 해를 끼치지 않는다.(기밀성)

　　㉡ 적극적 공격 : 방어하기보단 탐지하는 것이 더 쉽다.(무결성, 가용성)

22 ①

① 스푸핑(spoofing)은 '속이기'라는 뜻으로 네트워크에서 가짜인데 진짜인 것으로 속여 원하는 정보를 가로채는 해킹 기법을 말한다. 스푸핑은 MAC 주소, IP 주소, 포트 등과 같이 네트워크 통신과 관련된 모든 것을 속이기 대상으로 할 수 있다.

23 ③

해시함수 특징

　㉠ 임의 길이의 메시지로부터 고정 길이의 해시값을 계산한다.

　㉡ 해시값을 고속으로 계산할 수 있다.

　㉢ 일방향성을 갖는다.

　㉣ 메시지가 다르면 해시값도 다르다.

※ 보안적 요구사항

　　㉠ 역상저항성 : 주어진 임의의 출력값 y에 대해 $y = h(x)$를 만족하는 입력값 x를 찾는 것이 계산적으로 불가능하다.

　　㉡ 두번째 역상 저항성(=약한 충돌 내성) : 주어진 입력값 x에 대해 $h(x) = h(x')$, $x \neq x'$을 만족하는 다른 입력값 x'을 찾는 것이 계산적으로 불가능하다.

　　㉢ 충돌 저항성(=강한 충돌 내성) : $h(x) = h(x')$을 만족하는 임의의 두 입력값 x, x'을 찾는 것이 계산적으로 불가능하다.

※ 충돌 … 2개의 다른 메시지가 같은 해시값을 갖는 것

24 ③

③ 인증기관(CA) : 인증서를 발급해 주며, 인증서는 최종 객체를 인증하는 전자 증명서 역할

① 사용자 : 공개키 인증서를 사용하는 사람 또는 시스템

② 등록기관(RA) : 인증기관을 대신해 사용자의 신분을 확인, 발급된 인증서 및 해당CA, 상위기관의 공개키를 사용자에게 전달

④ 디렉토리 : 공개키 기반구조에서 관리되는 사항들을 저장 및 검색할 수 있는 장소(인증서, 인증서 취소 목록, 사용자 정보 등)

※ 공개키 기반 구조(PKI : Public Key Infrastructure)는 전자상거래 시스템과 같은 정보시스템에 안전성을 부여하며, 통신 시스템의 신뢰성을 높이기 위한 기반 구조이다.

25 ④

핑거프린팅(Fingerprinting)과 워터마킹(Watermarking)

　㉠ 핑거프린팅은 디지털 콘텐츠를 구매할 때 구매자의 정보를 삽입하여 불법 배포 발견 시 최초의 배포자를 추적할 수 있게 하는 기술이다.

　㉡ 워터마킹은 원본의 내용을 왜곡하지 않는 범위 내에서 사용자가 인식하지 못하도록 저작권 정보를 디지털 콘텐츠에 삽입하는 기술이다.

※ 크레커와 커버로스

　　㉠ 크래커(Cracker) : 네트워크 등을 통해 컴퓨터 시스템에 불법으로 침입하는 자

　　㉡ 커버로스(Kerberos) : 분산 컴퓨팅 환경에서 대칭키 암호를 이용하여 사용자 인증을 제공하는 중앙 집중형 인증 방식

제2회 정답 및 해설

✏ 국어

1 ②

② 읽다[일따]→읽다[익따]

※ **표준발음법 제11항**

겹받침 'ㄺ, ㄻ, ㄿ'은 어말 또는 자음 앞에서 각각 [ㄱ, ㅁ, ㅂ]으로 발음한다.

※ '뱃속'은 [뱓쏙/배쏙], '금융'은 [금늉/그뮹]으로 두 가지 발음을 인정한다.

2 ③

① 그 사고는 여러 가지 규칙을 <u>도외시하였기</u> 때문이야.

② 사실상 여자 대 남자의 <u>대리전으로밖에는</u> 보이지 않아.

④ 금연을 한 만큼 네 건강이 어느 정도까지 <u>회복될지</u> 궁금해.

3 ②

② 낯섦 : 형용사 '낯설다'의 어간 '낯설ㅡ'에 명사형 전성어미 'ㅡㅁ'이 붙은 것으로 어미는 품사를 바꾸지는 않는다.

① 보기 : 동사 '보다'의 어간 '보ㅡ'에 접미사 'ㅡ기'가 붙어 명사가 되었다.

③ 낮추다 : 형용사 '낮다'의 어간 '낮ㅡ'에 접미사 'ㅡ추ㅡ'가 붙어 동사가 되었다.

④ 꽃답다 : 명사 '꽃'에 접미사 'ㅡ답다'가 붙어 형용사가 되었다.

4 ②

② 다양한 의견을 지닌 주체들이 서로 어우러지면서도 야합하지 않는다고 했으므로 '남과 사이좋게 지내기는 하나 무턱대고 어울리지는 아니함'을 뜻하는 ②가 적절하다.

① 같은 소리끼리는 서로 응하여 울린다는 뜻으로, 같은 무리끼리 서로 통하고 자연히 모인다는 말이다.

③ 사람이 날 때는 다 같은 소리를 가지고 있으나, 자라면서 그 나라의 풍속으로 인해 서로 달라짐을 이르는 말이다.

④ 서로 적의를 품은 사람들이 한자리에 있게 된 경우나 서로 협력하여야 하는 상황을 비유적으로 이르는 말이다.

5 ②

② 밀양 – Miryang, 밀양은 [밀량]이 아닌 [미량]으로 발음되므로 'll'이 아닌 'r'로 표기된다.

6 ①

① 콧망울→콧방울

7 ②

ⓛ에서 '그러나'는 앞 문장에서 언급한 내용을 긍정하면서도 뒤에 나올 문장을 강조하는 역할의 접속 부사로 쓰였다. 고치지 않아도 되는 문장이다.

8 ②

② 비나리치다 : 아첨을 해가며 환심을 사다.

9 ②

언어의 특성

㉠ **기호성** : 언어는 일정한 내용을 일정한 형식으로 나타내는 기호 체계

㉡ **자의성** : 일정한 내용을 일정한 형식으로 나타낼 때, 내용과 형식 사이에는 필연적인 관련성이 없음

㉢ **사회성** : 언어는 그 언어를 사용하는 사람들 사이의 약속이기 때문에, 개인이 임의로 바꿀 수 없음

ㄹ 역사성 : 언어는 시간의 흐름에 따라 끊임없이 사라
지고 새로 생기고 변함

ㅁ 규칙성 : 언어에는 반드시 지켜야 하는 규칙이 있음

ㅂ 창조성 : 언어로 무한히 많은 말들을 만들어 표현할
수 있음

10 ④

훈민정음 28자모

자음(17개)	ㄱ, ㅋ, ㆁ, ㄷ, ㅌ, ㄴ, ㅂ, ㅍ, ㅁ, ㅈ, ㅊ, ㅅ, ㆆ, ㅎ, ㅇ, ㄹ, ㅿ
모음(11개)	ㆍ, ㅡ, ㅣ, ㅗ, ㅏ, ㅜ, ㅓ, ㅛ, ㅑ, ㅠ, ㅕ

11 ④

제시된 작품은 정지용의 '인동차'로, 산중 고절의 집
안팎의 풍경을 소재로 탈속고절의 정신세계에 대한
지향을 담고 있다.

④ '잠착하다'는 '한 가지 일에만 정신을 골똘하게 쓰
다'의 의미이다.

12 ①

㉠ 가물에 도랑 친다 : 한창 가물 때 애쓰며 도랑을 치
느라고 분주하게 군다는 뜻으로, 아무 보람도 없는
헛된 일을 하느라고 부산스레 굶을 비유적으로 이
르는 말

㉡ 까마귀 미역 감듯 : 까마귀는 미역을 감아도 그냥
검다는 데서, 일한 자취나 보람이 드러나지 않음을
비유적으로 이르는 말

13 ③

㈐ : 화제 제시 → ㈑ : ㈐의 이유 → ㈒ : 화제 전환(역접)
→ ㈏ : ㈐의 행복과 ㈒의 행복에 대한 비교 → ㈎ : 결론

14 ④

두 번째 문단 첫 문장인 '그렇다면 홍명희는 왜 소설
『임꺽정』에서 그를 의적으로 그렸을까?'와 뒤에 이어
진 문장으로 미루어 보아 ④가 적절하다.

15 ②

애매어의 오류란 두 가지 이상의 의미를 가진 말을
동일한 의미의 말인 것처럼 애매하게 사용하거나 이
해함으로써 생기는 오류다. ②는 '부패'를 동일한 의미
로 사용해 잘못된 결론을 내리고 있다.

③ 분해의 오류의 예시로 적절하다.

④ 결합의 오류의 예시로 적절하다.

16 ②

② 무스가 소화를 잘 시키기 위해 식물을 가려먹는
습성이 있다는 것은 지문에 나와 있지 않다.

17 ②

② 두 번째 문단 첫 머리에서 '인디언들이 죽은 주된
요인은 구세계의 병원균'이었고, '인디언들은 그런
질병에 노출된 적이 없었으므로 면역성이나 유전
적인 저항력이 전혀 없었다'고 언급하고 있다.

① 유럽은 구세계였고, 아메리카는 신세계였다.

③ 만단족 인디언들의 인구 감소는 세인트루이스에서
미주리 강을 타고 거슬러 올라온 한 척의 증기선
때문에 걸린 천연두 때문이었다.

④ 콜럼버스 이전에 북아메리카에는 약 2000만 명에
달하는 인디언들이 있었다.

18 ④

㉠ 사실적 묘사 ㉡ 활유법 ㉢ 청각의 시각화

19 ③

㈒는 노래를 통해 시름을 잊겠다는 신흠의 시조로 개
인의 정서를 표출하고 있으며 나머지는 교술성이 강
한 시조들이다.

① 이황의 '도산십이곡'으로 '학문에 대한 정진'이 글의
주제이다.

② 정철의 '훈민가'로 '부모에 대한 효도가 글의 주제이다.

④ 변계량의 시조로 '義(의)를 따르는 삶을 살겠다'는
것이 주제이다.

14

20 ①

㉠ 대전제 : 동양인인 나는 동양을 알아야 한다.

㉡ 소전제

- '동양은 동양이다'라는 토톨러지(tautology)나 '동양은 동양이어야 한다'라는 당위 명제가 성립하기 위해서는 (동양인인 나는 동양을 알아야 한다).

- 우리는 동양을 너무도 몰랐다.

㉢ **결론** : 동양이 서양을 해석하는 행위는 실제적으로 부재해 왔다.

21 ④

④ '김정호는 정밀한 지도의 보급이라는 사회적 욕구와 변화를 인식하고 그것을 실현하였던 측면에서 더욱 빛을 발한다.'라는 문장을 통해 지도 제작이 국가의 과제가 아닌 사회적 욕구와 변화에 의한 것임을 알 수 있다.

22 ①

제시된 문장은 주어(해결책)와 서술어(달려 있다)가 호응하지 않는다. 따라서 주어(해결책)와 서술어(것이다)가 호응하는 ①이 정답이다.

23 ①

① 각박한 현실에 안주하지 못하는 결핍의 현대인들의 동경의 세계를 표현하였다는 점을 미루어 볼 때 당대 사회의 모습을 보여주는 지표가 될 수 있다는 반영론적 관점으로 볼 수 있다.

24 ④

밑줄 친 부분에서 화살은 진림 자신을, 시위는 주군인 원소를 비유하며 시위에 올라 날아가는 것은 격문을 써 조조를 꾸짖은 일을 말한다.

25 ③

제시문은 주요섭의 '미운 간호부'로 합리성이라는 명목 아래 비정화 되어가는 문명사회를 비판하며, 사라져가는 인정에 대한 안타까움을 그리고 있다.

✎ **컴퓨터일반**

1 ③

③ 1개의 명령어가 컴퓨터에서 처리되기 위해서는 여러 단계의 마이크로 연산으로 나뉘어 제어장치에서 제어신호에 의해 실행된다.

2 ③

C클래스(NET 24비트, HOST 8비트)이기 때문에 211.168.83은 변함이 없다.

211.168.83.34를 2진수로 변경하면

11010011.10101000.01010011.00100010

255.255.255.224를 2진수로 변경하면

11111111.11111111.11111111.11100000

AND연산으로 계산하면

11010011.10101000.01010011.00100000

여기서 5개의 서브넷을 사용하므로 브로드캐스트 주소가 되려면 마지막 5개를 모두 1로 변경하여야 한다.

그러므로 11010011.10101000.01010011.00111111

→ 211.168.83.63

3 ②

제산법이므로 모든 데이터를 11로 나누어 나머지를 구한 다음, 나머지가 같은 값이 나오는 것끼리는 충돌이 발생하는 값이 된다.

111 → 10 ⋯ 1

112 → 10 ⋯ 2

113 → 10 ⋯ 3

220 → 20

221 → 20 ⋯ 1

222 → 20 ⋯ 2

충돌이 발생하는 데이터는 111, 221과 112, 222가 된다.

4 ④

정규화시 고려사항

㉠ 데이터의 중복되는 속성을 제거한다.

㉡ 데이터의 부분적 · 이행적인 종속을 제거한다.

㉢ 릴레이션의 구조를 결정하고 릴레이션 속성 간의 관계를 고려한다.

5 ①

① 자바를 응용하여 사용하기 쉽게 만든 스크립트 언어로 웹상의 동적 부분을 담당하며 서버와 연동하여 주로 이용된다.

②③④ 서버 사이드 언어로 서버를 제어하는 역할을 하는 웹 프로그래밍 언어에 해당한다.

6 ③

$(A+B)(A+\overline{B})(\overline{A}+B)$
$= AA + A\overline{B} + AB + (B\overline{B})(\overline{A}+B)$
$= A + A\overline{B} + AB(\overline{A}+B)$
$= A\overline{A} + \overline{A}\overline{A}B + \overline{A}AB + AB + A\overline{B}B + ABB$
$= AB$

7 ①

SRAM은 LRU 알고리즘 … 가장 오랫동안 사용되지 않은 페이지를 제거하는 방법으로, 가장 널리 사용되며 참조된 시간을 기록해야 하므로 시간 오버헤드가 발생하고, 실제로 구현하기가 매우 복잡하다.

1	2	3	4	5	6	7	8	9	10	11	12
1	0	2	2	2	1	7	6	7	0	1	2
1	1	1				1	1		1		1
			0	6			6		6		2
				2	2			2		0	0
						7	7		7		7
실패	실패	실패	적중	적중	적중	실패	실패	적중	실패	적중	실패

8 ④

라우터(router) … 패킷의 위치를 추출하여 그 위치에 대한 최적의 경로를 지정하며 이 경로를 따라 데이터 패킷을 다음 장치로 전향시키는 장치이다.

9 ③

int a[4]={10, 20, 30}; → a[0]=10, a[1]=20, a[2]=30, a[3]=' '으로 초기화 한다.

int *p = a; → 포인터 변수 p에 배열 a의 시작주소를 할당한다.

p++; → p주소값이 1을 증가하여 a[1]의 주소값으로 변경한다.

*p++ = 100; → 현재 포인터 변수 p가 가리키는 위치 a[1]의 값을 100으로 할당 후 주소값을 1씩 증가하여 p의 주소값은 a[2]의 주소값으로 변경한다.

*++p = 200; → 현재 포인터 변수 p가 가리키는 위치를 먼저 1을 증가시켜 a[3]으로 변경하고, a[3]의 값을 200으로 할당한다.

printf("a[0]=%d a[1]=%d a[2]=%d\n", a[0], a[1], a[2]); →

출력값은 a[0]→10, a[1]→100, a[2]→30이 된다.

10 ①

인터럽트 … 정상적인 명령어 인출단계로 진행하지 못할 때에 실행을 중단하지 않고 특별히 부여된 작업을 수행한 후 원래의 인출단계로 진행하도록 하는 것이다.

※ 인터럽트의 동작원리(순서)

ㄱ 인터럽트 요청 : 인터럽트 발생장치로부터 인터럽트를 요청한다.

ㄴ 현재 수행 중인 프로그램 저장 : 제어 프로그램에서는 현재 작업 중이던 프로세서의 상태를 메모리에 저장시킨다.

ㄷ 인터럽트 처리 : 인터럽트의 원인이 무엇인지를 찾아 그것을 처리하는 인터럽트 처리 루틴을 실행시킨다.

ㄹ 조치 : 인터럽트 루틴에서는 해당 인터럽트에 대한 조치를 취한다.

ㅁ 프로그램 복귀 : 인터럽트 처리 루틴이 종료되면 저장되었던 상태를 이용하여 원래 작업이 계속되도록 한다.

11 ①

ㄱ for문 : 조건식이 거짓이면 블록을 빠져나오게 되며 조건식이 참일 동안 처리구문을 반복 실행한다.

ㄴ while문 : 괄호 안의 조건을 충족시키면 블록내부를 실행시키고 충족시키지 않을 경우 불록을 빠져나오게 된다.

ㄷ switch case문 : case값에 따라 해당되는 블록으로 가서 실행하는 문장으로서 case값은 정수나 문자만이 올 수 있고 실수나 문자열은 올 수 없다. 해당되는 case가 없으면 default 이하의 값을 실행한다. break를 만나면 switch 블록을 빠져나간다.

ㄹ do while문 : while문과 달리 일단 블록내부를 실행한 후 조건식을 판단하여 조건식이 충족되지 않으면 블록을 빠져나간다.

12 ②
- % : 나누어서 나머지를 구하는 연산자
- == : 항등연산자
- != : '같지 않다'를 뜻함
- && : AND의 의미
- || : OR의 의미

13 ②
- 461을 2진수로 변환 → 111001101(2)
- 111001101(2)을 16진수로 변환 → 111001101(2)

  1   1100   1101

         C   D

14 ③
힙 자료구조는 최대 힙(Max Heep)과 최소 힙(Min Heep)으로 나뉘는데 이러한 힙은 최댓값 또는 최솟값을 짧은 시간 내에 찾기 위해서 만들어진 자료구조이다. 최대 힙 또는 최소 힙을 만들 경우 루트가 최댓값 또는 최솟값이 된다.

15 ②
① 상위계층인 네트워크 계층에게 전송에러가 없는 전송매체로서의 기능을 제공한다.
③ 네트워크 계층이 제공하는 서비스의 품질에 따라서 등급 0부터 4까지의 다섯가지 서비스 등급을 제공한다.
④ 데이터의 송·수신을 확인하는 통신제어기능을 한다.

16 ④
안드로이드 … 휴대폰용 운영체제 미들웨어 응용프로그램을 한데 묶은 소프트웨어 플랫폼으로서 2007년 11월에 공개되었다. 실질적으로는 세계적 검색엔진 업체인 구글(Google)사가 작은 회사인 안드로이드사를 인수하여 개발하였으며, 따라서 '구글 안드로이드'라고도 한다. 안드로이드는 리눅스(Linux) 2.6 커널을 기반으로 강력한 운영체제(OS ; operating system)와 포괄적 라이브러리 세트, 풍부한 멀티미디어 사용자 인터페이스, 폰 애플리케이션 등을 제공한다. 컴퓨터에서 소프트웨어와 하드웨어를 제어하는 운영체제인 '윈도'에 비유할 수 있는데, 휴대폰에 안드로이드를 탑재하여 인터넷과 메신저 등을 이용할 수 있으며, 휴대폰뿐 아니라 다양한 정보 가전 기기에 적용할 수 있는 연동성도 갖추고 있다. 안드로이드가 기존의 휴대폰 운영체제인 마이크로소프트의 '윈도 모바일'이나 노키아의 '심비안'과 차별화되는 것은 완전 개방형 플랫폼이라는 점이다. 종전에는 휴대폰 제조업체와 서비스업체마다 운영체제가 달라 개별적으로 응용프로그램을 만들어야 했다. 이에 비하여 안드로이드는 기반 기술인 '소스 코드'를 모두 공개함으로써 누구라도 이를 이용하여 소프트웨어와 기기를 만들어 판매할 수 있도록 하였다. 개발자들은 이를 확장, 대체 또는 재사용하여 사용자들에게 풍부하고 통합된 모바일 서비스를 제공할 수 있게 된 것이다.

17 ①
② 클러스터 컴퓨터 : 개인 PC나 소형 서버 등을 네트워크장비를 사용하여 다수대 연결하여 구성한 일종의 병렬처리용 슈퍼컴퓨터이다.
③ 불균일 기억장치 액세스(NUMA) 방식 : 모든 프로세서의 기억장치에 대한 접속 시간이 동일한 UMA에 대응되는 구조로서, 시스템 내의 모든 프로세서가 동일한 기억 장치를 공유하고 있지만 기억 장치를 접속하는 시간이 기억 장치의 위치에 따라 다른 구조이다.
④ MISD(Multi Instruction stream Single Data stream) : 다수의 처리기에 의해 각각의 명령들이 하나의 Data를 처리하는 구조이며, 실제로는 사용되지 않는 구조로서 Pipeline에 의한 비동기적 병렬처리가 가능하다.

18 ③

```
#include <stdio h>

int recur(int a, int b)      // 두 개의 값을 매개변
                                수에 받아서
{
  if (a <=1)                 // 비교한 후 1이 크거
                                나 같으면
    return a * b;            // a * b값을 반환하고
                                함수를 빠져나간다.
  else                       // 그렇지 않으면
    return a * recur(a-1, b+1) + recur(a-1, b);
    // a * recur(a-1, b+1) + recur(a-1, b)을 반
    환하고 빠져 나간다.
}

int main()
{
  int a=3, b=2;

  printf("%d\n",  recur(a,b));    //  반환되서
                                recur(a,b) 값을 출
                                력한다.
}
```

※ return은 함수를 호출한 곳으로 값을 반환하는 역할을
  하기도 하지만, 함수를 빠져 나가는 역할을 하기도 한다.
  3*(2, 3) + (2, 2)
  =3*(2*(1, 4) + (1, 3)) + 2*(1, 3) + (1, 2)
  =3*(2*4 + 1*3) + 2*3 + 2
  =33 + 8
  =41

19 ①

명령어 파이프라이닝 … CPU의 성능은 프로그램 처리
시간에 영향을 미치기 때문에 그 속도를 향상시키기
위해서 여러 가지 방법이 사용되고 있으며 가장 간단
하면서 효과적인 방법이다.
※ 4단계 명령어 파이프 라인 … 명령어 인출 – 명령어
  해독 – 오퍼랜드 인출 – 실행

20 ①

① 스프레드시트(spreadsheet)는 계산식 또는 여러
가지 도표 형태로 이루어진 일상 또는 사무 업무를
자동화시킨 응용소프트웨어의 일종이다.
※ 시스템 소프트웨어 … 컴퓨터를 사용하기 위해 가장
  근본적으로 필요한 소프트웨어로 이 소프트웨어에는
  운영체제, 컴파일러, 어셈블러, 라이브러리 프로그
  램, 텍스트 에디터, 로더, 링커 등이 있다.

21 ③

③ 사원 릴레이션의 사원번호 속성은 기본키로 지정
되어 있으므로 중복되는 값을 입력받을 수 없다.
※ 제1정규형
  ㉠ 제1정규형 : 한 릴레이션 R이 제1정규형을 만족
    하는 경우는 릴레이션 R의 모든 애트리뷰트가
    원자값만을 갖는 경우이다. 즉, 릴레이션의 모
    든 애트리뷰트에 반복 그룹이 나타나지 않을
    경우에 제1정규형을 만족한다.
  ㉡ 제1정규형 해결책
    • 애트리뷰트에 원자값 : 애트리뷰트에 원자값만
      갖도록 튜플을 분리한 뒤 정보가 많이 중복되는
      문제가 생기는데 다른 정규형으로 해결한다.
    • 두 릴레이션으로 분리 : 반복그룹 애트리뷰트들
      을 분리해서 새로운 릴레이션을 만든다. 원래
      릴레이션의 기본키를 새로운 릴레이션에 애트
      리뷰트로 추가한다. 원래 릴레이션 키가 새로운
      릴레이션의 기본키가 되는 것은 아니다.

22 ③

③ 논리적 설계 단계는 개념적 모델을 데이터 모델링
  에 의해 논리적 구조로 정의하여 데이터베이스 관
  리 시스템과 결부된 논리적 모델로 변환하는 단계
  이다.
④ 물리적 설계 단계는 논리적 모델을 데이터 구조화
  에 의해 물리적 자료 구조를 정의하여 물리적 모
  델로 변환하는 단계이다.
※ 개념 데이터 설계가 DBMS 및 하드웨어 구조와 완
  전히 독립된 것이라면, 논리 설계에서 만들어지는
  모델은 이 개념적 모델을 DBMS가 처리할 수 있도
  록 사상(mapping)하는 과정이라고 할 수 있다.

※ 논리데이터 설계를 위해 필요한 내용
　　㉠ 개념 데이터 모델
　　㉡ 운영 요구 사항
　　㉢ 상위 수준의 프로그램 명세
　　㉣ DBMS 특성
　　㉤ 일관성 제약 조건
　　㉥ 상위 레벨의 프로그램 명세

OSI 7 계층 모델	
응용 계층	7계층
표현 계층	6계층
세션 계층	5계층
전송 계층	4계층
네트워크 계층	3계층
데이터 링크 계층	2계층
물리 계층	1계층

23 ②

② 물리 계층으로 데이터를 전송하는 과정에서는 잡음(Noise) 같은 여러 외부 요인에 의해 물리적 오류가 발생할 수 있다. 데이터 링크 계층(Data Link Layer)은 물리적 전송 오류를 감지(Sense)하는 기능을 제공해 송수신 호스트가 오류를 인지할 수 있게 해준다. 발생 가능한 물리적 오류의 종류에는 데이터가 도착하지 못하는 데이터 분실과 내용이 깨져서 도착하는 데이터 변형이 있다. 일반적으로 컴퓨터 네트워크에서의 오류 제어(Error Control)는 송신자가 원 데이터를 재전송(Retransmission)하는 방법으로 처리한다.

① 네트워크에서 호스트가 데이터를 전송하려면 반드시 전송 매체로 연결되어 있어야 한다. 물리 계층(Physical Layer)은 호스트를 전송 매체와 연결하기 위한 인터페이스 규칙과 전송 매체의 특성을 다룬다.

③ 송신 호스트가 전송한 데이터가 수신 호스트까지 도착하려면 여러 중개 시스템을 거친다. 이 과정에서 데이터가 올바른 경로를 선택할 수 있도록 지원하는 계층이 네트워크 계층(Network Layer)이다. 중개 시스템의 기능은 일반적으로 라우터(Router) 장비가 수행한다. 네트워크 부하가 증가하면 특정 지역에 혼잡(Congestion)이 발생할 수 있는데, 이것도 데이터의 전송 경로와 관계가 있으므로 네트워크 계층이 제어한다.

④ 컴퓨터 네트워크에서 데이터를 교환하는 최종 주체는 호스트 시스템이 아니고, 호스트에서 실행되는 프로세스다. 전송 계층(Transport Layer)은 송신 프로세스와 수신 프로세스 간의 연결(Connection) 기능을 제공하기 때문에 프로세스 사이의 안전한 데이터 전송을 지원한다. 계층 4까지의 기능은 운영체제에서 시스템 콜(System Call) 형태로 상위계층에 제공하며, 계층 5~7의 기능은 사용자 프로그램으로 작성된다.

24 ③

③ 다형성(polymorphism)이란 여러 개의 클래스가 같은 메시지에 대해서 각자의 방법으로 작용할 수 있는 능력이다.

※ 다형성(polymorphism)의 장점
　　㉠ 확장성과 재사용성이 좋다.
　　㉡ 상위 클래스로 여러 개의 하위 클래스를 관리하여 유동적이고 유지 보수가 좋다.
　　㉢ 적은 코딩으로 다양한 객체들에게 유사한 작업을 수행시킬 수 있다.
　　㉣ 프로그램 작성 소스코드 양이 줄어든다.

25 ②

캐시 적중률(hit ratio) … 명령과 프로그램의 실행에서 요구되는 데이터와 명령어를 읽어 오기 위해 중앙처리장치(CPU)가 주기억 장치에 접근해야 하는 전체 횟수에 대하여 캐시기억 장치 접근으로 충족되는 횟수의 비율을 말한다.

사상함수를 설계할 때 캐시메모리에서 슬롯은 한 블록이 저장되는 장소이다. 그리고 태그는 슬롯에 적재된 블록을 구분해주는 정보이다. 메인메모리에서 캐시메모리로 정보를 옮기는 것을 사상이라고 한다.

사상의 방법은 세 가지이며 직접 사상, 연관 사상, 집합 연관 사상이 있다.

㉠ **직접 사상** : 메인메모리의 임의의 블록에서 첫 번째 워드는 캐시메모리의 첫 번째 슬롯에, 또 다른 블록에서 두 번째 워드는 캐시메모리의 두 번째 슬롯에만 넣을 수 있는 사상 방식이다. 따라서 서로 다른 블록의 첫 번째 워드는 동시에 캐시메모리에 존재할 수 없다. 이 방식은 CPU에서 캐시메모리를 조사할 때 해당 라인만 검사하면 되기 때문에 간단하지만, 일반적으로 적중률이 낮다.

© 연관 사상 : 직접 사상의 단점을 보완한 방식으로 서로 다른 두 블록의 첫 번째 워드가 동시에 캐시 메모리에 있도록 하기 위해 메인메모리의 블록번 호를 캐시메모리에 저장한다. 이 방식은 CPU가 캐 시메모리를 조사할 때, 긴 주소 길이로 인해 검사 시간이 길어진다.

© 집합 연관 사상 : 직접 사상과 연관 사상 방식의 장 점을 취합한 방식으로 집합과 태그가 있는데, 집합 번호는 같고, 태그 번호가 다른 단어들을 저장할 수 있다. 즉 직접 사상에서의 저장공간이 여러 개 있다고 생각하면 된다. 이로 인해 적중률이 직접 사상보다는 높고 연관 사상보다는 낮다. 또한 검사 시간은 연관 사상보다는 빠르지만 직접 사상보다 는 느리다.

✎ 정보보호론

1 ④

④ 간이망 관리 프로토콜(Simple Network Management Protocol, SNMP)은 IP 네트워크상의 장치로부터 정보를 수집 및 관리하며, 또한 정보를 수정하여 장치의 동작을 변경하는 데에 사용되는 인터넷 표준 프로토콜이다.

2 ②

정의〈개인정보 보호법 제2조〉

㉠ "개인정보"란 살아 있는 개인에 관한 정보로서 성 명, 주민등록번호 및 영상 등을 통하여 개인을 알 아볼 수 있는 정보(해당 정보만으로는 특정 개인을 알아볼 수 없더라도 다른 정보와 쉽게 결합하여 알아볼 수 있는 것을 포함한다)를 말한다.

㉡ "처리"란 개인정보의 수집, 생성, 연계, 연동, 기 록, 저장, 보유, 가공, 편집, 검색, 출력, 정정(訂 正), 복구, 이용, 제공, 공개, 파기(破棄), 그 밖에 이와 유사한 행위를 말한다.

㉢ "정보주체"란 처리되는 정보에 의하여 알아볼 수 있는 사람으로서 그 정보의 주체가 되는 사람을 말한다.

㉣ "개인정보파일"이란 개인정보를 쉽게 검색할 수 있 도록 일정한 규칙에 따라 체계적으로 배열하거나 구성한 개인정보의 집합물(集合物)을 말한다.

㉤ "개인정보처리자"란 업무를 목적으로 개인정보파일 을 운용하기 위하여 스스로 또는 다른 사람을 통 하여 개인정보를 처리하는 공공기관, 법인, 단체 및 개인 등을 말한다.

㉥ "공공기관"이란 다음의 기관을 말한다.
　가. 국회, 법원, 헌법재판소, 중앙선거관리위원회 의 행정사무를 처리하는 기관, 중앙행정기관 (대통령 소속 기관과 국무총리 소속 기관을 포 함한다) 및 그 소속 기관, 지방자치단체
　나. 그 밖의 국가기관 및 공공단체 중 대통령령으 로 정하는 기관

㉦ "영상정보처리기기"란 일정한 공간에 지속적으로 설치되어 사람 또는 사물의 영상 등을 촬영하거나 이를 유·무선망을 통하여 전송하는 장치로서 대 통령령으로 정하는 장치를 말한다.

3 ②

OECD 개인정보보호 8원칙

㉠ 수집 제한의 법칙(Collection Limitation Principle) : 개인정보는 적법하고 공정한 방법을 통해 수집되 어야 한다.

㉡ 정보 정확성의 원칙(Data Quality Principle) : 이용 목적상 필요한 범위 내에서 개인정보의 정확성, 완 전성, 최신성이 확보되어야 한다.

㉢ 목적 명시의 원칙(Purpose Specification Principle) : 개인정보는 수집 과정에서 수집 목적을 명시하고, 명시된 목적에 적합하게 이용되어야 한다.

㉣ 이용 제한의 원칙(Use Limitation Principle) : 정보 주체의 동의가 있거나, 법 규정이 있는 경우를 제 외하고 목적 외 이용되거나 공개될 수 없다.

㉤ 안전성 확보의 원칙(Security Safeguard Principle) : 개인정보의 침해, 누설, 도용 등을 방지하기 위한 물리적, 조직적, 기술적 안전 조치를 확보해야 한다.

㉥ 공개의 원칙(Openness Principle) : 개인정보의 처 리 및 보호를 위한 정책 및 관리자에 대한 정보는 공개되어야 한다.

㉦ 개인 참여의 원칙(Individual Participation Principle) : 정보 주체의 개인정보 열람/정정/삭제 청구권은 보장 되어야 한다.

㉧ 책임의 원칙(Accountability Principle) : 개인정보 관 리자에게 원칙 준수 의무 및 책임을 부과해야 한다.

4 ①

은닉 서명(blind signature) … 기본적으로 임의의 전자 서명을 만들 수 있는 서명자와 서명 받을 메시지를 제공하는 제공자로 구성되어 있는 서명 방식으로, 제 공자의 신원과 메시지-서명 쌍을 연결시킬 수 없는 특성을 유지하는 서명이다.

5 ③

ISMS인증

㉠ **인증 유효기간** : 정보보호 관리체계는 인증일로부터 3년간 유효하다. 매년 정보보호관리체계(ISMS)를 지속적으로 유지하고 있는지에 대한 사후심사와 3년마다 인증유효기간을 연장하기 위한 갱신심사를 받아야 한다.

㉡ **인증제도** : 기업(조직)이 각종 위협으로부터 주요 정보자산을 보호하기 위해 수립·관리·운영하는 종합적인 체계(정보보호 관리체계)의 적합성에 대해 인증을 부여하는 제도이다.

㉢ **임증심사의 종류**

• 최초심사 : 정보보호관리체계 인증 취득을 위한 심사

• 사후심사 : 정보보호관리체계를 지속적으로 유지하고 있는지에 대한 심사(연 1회 이상)

• 갱신심사 : 유효기간(3년) 만료일 이전에 유효기간의 연장을 목적으로 하는 심사

※ 인증을 받은 정보보호 관리체계 범위 내에서 중대한 변경이 발생한 경우 최초심사 수행

6 ①

① Password Dictionary Attack : 패스워드 크레킹의 종류로 사전파일을 사용자 계정의 패스워드에 대입하는 공격기법으로 사전파일에 있는 단어들을 자동으로 하나씩 대입해 보는 방법이다.

② SQL Injection Attack : 웹 페이지의 로그인 창 따위에 구조화 질의 언어(SQL) 구문을 넣어 데이터베이스의 인증을 우회하는 공격 방법이다.

③ Zero Day Attack : 운영체제(OS)나 네트워크 장비 등 핵심 시스템의 보안 취약점이 발견된 뒤 이를 막을 수 있는 패치가 발표되기도 전에 그 취약점을 이용한 악성코드나 해킹공격을 감행하는 수법이다.

④ SYN Flooding Attack : 네트워크에서 서비스를 제공하는 시스템은 동시 사용자 수가 제한되어져 있다. 만약 이 웹 서버의 동시 사용자의 숫자가 200명이라고 정해져 있다면, 이 숫자는 설정 사항으로 변경은 가능하지만 무한할 수는 없다. SYN Flooding Attack은 이러한 허점을 이용한 공격이며, 클라이언트가 서버 별로 한정되어 있는 접속 가능 공간에 접속한 것처럼 위장하여 서버의 클라이언트 접속 최대 허용 숫자를 초과시켜 다른 사용자가 서비스를 제공받지 못하게 하는 공격이다.

※ loginlog, failedlogin, btmp … loginlog는 솔라리스를 포함한 시스템 V계열의 유닉스에서 실패한 로그인 시도를 기록하는 파일로서, 기본적으로 생성되지는 않으며, 수동으로 생성해야 하는 로그 파일이다. 시스템 V계열의 유닉스에서는 사용자가 5번째 로그인 시도에 실패하면 시스템에서 강제로 접속을 끊는데, loginlog파일에는 날짜와 시간, 로그인 터미널 이름, 사용자 ID 등이 텍스트 형태로 기록되므로, vi편집기 등으로 확인할 수 있다. 즉 원격에서 대입공격(brute force)을 했다거나 연속적인 접속실패가 발생한 경우 loginlog에 정보가 기록되므로, 이를 통해 어떠한 원격지에서 어떠한 사용자로 로그인을 자주 시도했는지를 파악할 수 있다. 리눅스와 HP-UX는 btmp 파일이며, AIX에서는 failedlogin파일이다. btmp 명령은 실패한 로그인 시도에 대한 기록을 담고 있는 로그 파일이고, 이를 확인하기 위한 명령은 lastb 이다.

7 ③

공개키 기반구조(Public Key Infrastructure, PKI)의 구성요소

㉠ 인증기관(CA : Certification Authority)이란 PKI의 핵심 객체로서 인증서 등록발급조회시 인증서의 정당성에 대한 관리를 총괄하는 시스템을 일컫는다.

㉡ 등록기관(RA : Registration Authority)이란 인증기관과 물리적으로 멀리 떨어져 있는 사용자들을 위해 인증기관과 인증서 요청 객체 사이에 등록기관을 둠으로써, 사용자들의 인증서 신청시 인증기관 대신 그들의 신분과 소속을 확인하는 기능을 수행한다.

㉢ 디렉토리(Directory)란 인증서와 사용자 관련 정보, 상호 인증서 쌍 및 인증서 취소 목록 등을 저장 검색하는 장소로 응용에 따라 이를 위한 서버를 설치하거나 인증기관에서 관리한다. 디렉토리를 관리하는 서버(인증기관)는 DAP(Directory Access Protocol) 또는 LDAP(Lightweight DAP)을 이용하여 X.500 디렉토리 서비스를 제공한다. 인증서와 상호 인증서 쌍은 유효기간이 경과된 후에 일정기간 동안 서명 검증의 응용을 위해 디렉토리에 저장된다.

㉣ 사용자(User)란 PKI내의 사용자는 사람뿐만 아니라 사람이 이용하는 시스템 모두를 의미하며, 다음의 기능을 수행한다.

- 자신의 비밀키/공개키 쌍을 생성한다.
- 인증기관에 공개키 인증서를 요청하고 인증서를 받는다.
- 전자서명을 생성 검증한다.
- 특정 사용자의 인증서를 획득하고 그 상태를 확인한다.
- 인증경로를 해석한다.
- 디렉토리를 이용하여 자신의 인증서를 타 사용자에게 제공한다.
- 인증서 취소 목록을 이용한 인증서 상태를 검증한다.
- 비밀키의 손상 및 분실로 인한 긴급 상황 발생 시 인증기관에 인증서를 취소하고 새로운 인증서를 발급받아야 한다.

8 ④

TCP Header

ㄱ **송신측 포트번호**(Source port_16 bit) : 송신측의 포트번호를 기록한다.

ㄴ **수신측 포트번호**(Destination Port_16 bit) : 수신측의 포트번호를 기록한다.

ㄷ **시퀀스 번호**(Sequence Number_32 bit) : 전체 데이터 중 이 데이터가 몇 번째(몇 바이트째)에 해당하는 지를 기록한다.

ㄹ **확인 응답 번호**(Acknowledgement Number_32 bit) – 수신측 작성 : 다음에 받을 데이터가 전체 데이터 중 몇 번째 (몇 바이트째) 데이터인지를 기록한다.

ㅁ **Header Length**(4 bit) : 현 segment 내의 데이터의 위치를 나타낸다.

ㅂ **code bits**(flags) (6bit)

- URG : Urgent Pointer가 유효한지 나타낸다. 데이터 중 긴급히 전달해야 할 내용이 있을 경우 사용한다.
- ACK : Acknowledgement. 수신 호스트가 송신 호스트의 시퀀스 넘버에 L4에서의 길이 또는 데이터 양을 더한 것과 같은 Ack를 보낸다. ack number와 응답을 통해 보낸 패킷에 대한 손실을 판단하여 재전송하거나 다음 패킷을 전송한다.
- PSH : Push. Buffer가 채워지는 것을 기다리지 않고 데이터를 전달한다. 데이터는 버퍼링 없이 바로 위 layer가 아닌 L7의 응용 프로그램으로 바로 전달한다.
- RST : Reset. 양방향에서 동시에 일어나는 중단작

업이다. 비정상적인 세션 연결 끊기에 해당한다.
- SYN : 세션을 설정하는데 사용되며 초기에 시퀀스 넘버를 보내게 된다. 시퀀스 넘버는 임의적으로 생성하여 보낸다.
- FIN : 세션을 종료시키는데 사용되며, 보낸 사람이 더 이상 보낸 데이터가 없음을 의미한다.

ㅅ **Window**(16 bit) : TCP 세그먼트를 보내는 호스트의 현재 TCP 버퍼 크기를 나타낸다. 16bit field이기 때문에 윈도우는 65536byte로 제한된다.

ㅇ **Checksum**(16 bit) : 데이터가 무사한지 아닌지를 확인하기 위한 값을 기록한다.

ㅈ **긴급 포인트**(Urgent Pointer_16 bit) : Urgent data(단말기로부터 break, interrupt 등 긴급히 처리해야 할 데이터를 말함)에 대한 위치를 가리키며, flags의 URG필드가 설정되었을 때 유효하며 URG Flag가 1인 경우 사용한다.

ㅊ **Option** : MSS라고 하는 최대 세그먼트 크기 옵션이다. 헤더를 포함한 세그먼트 최대 크기 등의 옵션과 32bit boundary에서 데이터가 시작될 수 있도록 하기 위한 Padding Field를 제공한다.

9 ②

② **랜섬웨어**(Ransomware) : 악성코드(malware)의 일종으로, 인터넷 사용자의 컴퓨터에 잠입해 내부 문서나 스프레드시트, 그림파일 등을 암호화해 열지 못하도록 만든 후 돈을 보내주면 해독용 열쇠 프로그램을 전송해 준다며 금품을 요구하는 악성 프로그램이다. ransom(몸값)과 ware(제품)의 합성어로 컴퓨터 사용자의 문서를 '인질'로 잡고 돈을 요구한다고 해서 붙여진 명칭이다.

① **하트블리드**(Heart bleed) : 전 세계 웹사이트 가운데 3분의 2 정도가 사용하는 오픈 SSL(open secure socket Layer : 인터넷상에서 문자, 문서 등을 송수신할 때 이를 암호화해 주는 기술)에서 발견된 치명적인 결함을 말한다. 오픈 SSL의 통신신호 하트비트(heartbeat)에서 발견되어 하트블리드라고 부르는데, 이는 '치명적 심장출혈'을 의미한다.

③ **백오리피스**(Back Orifice) : 일명 '트로이목마' 프로그램을 이용해 사용자 정보를 빼내는 해킹 프로그램. 지난 1999년 3월 인공위성센터에서 발생한 우리별 3호 해킹 사건의 주역이며, PC방의 사이버 증권거래 등에 악용되는 사례도 급증하고 있다. 백오리피

스는 윈도 운영체계(OS) 환경의 PC에 저장된 중요 정보를 빼내거나 파괴, 변조 등을 가능하게 한다.

④ **스턱스넷(Stuxnet)** : 스턱스넷 기법이란 발전소, 공항, 철도 등 여러 기관의 시설을 파괴할 목적으로 만들어진 일종의 컴퓨터 바이러스이다. 2010년 6월경 벨라루스에서 처음으로 발견되었으며 USB 저장 장치나 MP3 플레이어를 회사 등 기관들의 컴퓨터에 연결할 때 침투하는 기법을 사용하고 있다.

10 ②

㉠ XOR = $\oplus$

㉡ Cipher Block Chaining(CBC) 모드는 평문 블록을 이전 단계의 암호문 블록과 XOR 연산 후 암호화 하는 것이다.

$C_i = E_k(Pi \text{ XOR } C_i-1)$

$C_0 = IV$ (초기 벡터값)

㉢ Electronic Codebook(ECB) 모드는 각각의 평문 블록을 독립적으로 암호 알고리즘에 따라 암호화 하는 것이다.

$C_i = E_k(P_i)$

㉣ Cipher Feedback(CFB) 모드는 암호문 블록을 암호기의 입력으로 사용하는 것이다.

$C_i = E_k(C_i-1) \text{ XOR } P_i$

㉤ Output Feedback(OFB) 모드는 암호기의 출력을 암호기의 입력으로 사용하는 것이다.

$C_j = P_j \text{ XOR } O_j$

㉥ Counter(CTR) 모드는 카운터를 암호기의 입력으로 사용하여 ECB 모드의 문제점을 해결한 것이다.

$C_i = P_i \text{ XOR } O_j$

11 ③

③ TFTP(Trivial File Transfer Protocol) : 임의의 시스템이 원격 시스템으로부터 부팅(Booting)코드를 다운로드하는 데 사용되는 프로토콜이다.

① L2F(Layer 2 Forwarding Protocol) : Cisco사에서 제안한 프로토콜이며, IP, ATM, 프레임 릴레이 등의 네트워크를 지원한다.

② PPTP(Point – to Point Tunneling Protocol) : 마이크로소프트사가 어센드사와 함께 설계한 VPN 프로토콜이며, 소프웨어적으로만 처리한다.

④ L2TP(Layer 2 Tunneling Protocol) : 마이크로소프트사와 Cisco에서 제안한 L2F에 기반을 두고 PPTP와의 호환성을 고려하여 만들어진 터널링 프로토콜의 표준이다.

※ 가상사설망(VPN)이란 인터넷과 같은 공중망을 이용하여 사설망이 요구하는 서비스를 제공할 수 있도록 구축한 망으로 공중망 내에서 마치 단일 회사만 사용하는 전용선처럼 사용할 수 있는 기술을 말한다.

12 ②

① 스푸핑(Spoofing) : 승인받은 사용자인 것처럼 시스템에 접근하거나 네트워크상에서 허가된 주소로 가장하여 접근 제어를 우회하는 공격 행위이다.

③ 스니핑(Sniffing) : 스니퍼를 이용하여 네트워크상의 데이터를 도청하는 행위이다.

④ 스캐닝(Scanning) : 시스템에 직접적으로 침입하기 전에 목표 호스트에 대한 정보를 수집하는 활동이다.

13 ①

위험분석 방법론

㉠ **정량적 분석 방법** : 손실액과 같은 숫자값으로 표현한다.

• 과거자료 분석법 : 과거의 자료를 통한 위험발생 가능성 예측, 과거 데이터 수량에 따른 정확도

• 수학공식 접근법 : 위험발생빈도를 계산하는 식을 이용하여 위험을 계량화

• 확률 분포법 : 미지의 사건을 확률적으로 편차를 이용하여 최저, 보통, 최고 위험평가를 예측

㉡ **정성적 분석 방법** : 어떠한 위험 상황에 대한 부분을 (매우 높음, 높음, 중간, 낮음 등으로) 표현한다.

• 델파이법 : 전문가 집단의 의견과 판단을 추출, 짧은 시간에 도출, 정확도 낮음

• 시나리오법 : 특정 시나리오를 통하여 발생 가능한 위협의 결과를 우선순위로 도출 정확도 낮음

• 순위결정법 : 비교우위 순위 결정표에 위험 항목들의 서술적 순위를 결정 정확도 낮음

14 ④

시스템과 관련한 보안기능 6가지

- ㉠ 계정과 패스워드 관리 : 적절한 권한을 가진 사용자를 식별하기 위한 가장 기본적인 인증 수단으로, 시스템에서는 계정과 패스워드 관리가 보안의 시작이다.
- ㉡ 세션 관리 : 사용자와 시스템 또는 두 시스템 간의 활성화된 접속에 대한 관리로서, 일정 시간이 지날 경우 적절히 세션을 종료하고, 비인가자에 의한 세션 가로채기를 통제한다.
- ㉢ 접근 제어 : 시스템이 네트워크 안에서 다른 시스템으로부터 적절히 보호될 수 있도록 네트워크 관점에서 접근을 통제한다.
- ㉣ 권한 관리 : 시스템의 각 사용자가 적절한 권한으로 적절한 정보 자산에 접근할 수 있도록 통제한다.
- ㉤ 로그 관리 : 시스템 내부 혹은 네트워크를 통한 외부에서 시스템에 어떤 영향을 미칠 경우 해당 사항을 기록한다.
- ㉥ 취약점 관리 : 시스템은 계정과 패스워드 관리, 세션 관리, 접근 제어, 권한 관리 등을 충분히 잘 갖추고도 보안적인 문제가 발생할 수 있는데, 이는 시스템 자체의 결함에 의한 것이다. 이 결함을 체계적으로 관리하는 것이 취약점 관리이다.

15 ②

- ① WiFi Protected Access Enterprise : 와이파이 보호 접속(Wi-Fi Protected Access)이라고도 한다. WPA는 개인 사용자용 PSK와 기업 사용자용 Enterprise 모드가 있다.
- ② WiFi Rogue Access Points : WiFi의 악의적 액세스 포인트를 말한다. 관리자가 악의적인 목적으로 액세스 포인트에 권한을 부여하지 않거나 공격자가 추가한 악의적인 액세스 포인트이다.
- ③ WPA(Wi-Fi Protected Access) : 무선 랜 보안 표준의 하나. WEP(Wired Equivalent Privacy) 키 암호화를 보완하는 TKIP(Temporal Key Integrity Protocol)라는 IEEE 802.11i 표준을 기반으로 하고 있으며, 인증 부문에서도 802.1x 및 EAP(Extensible Authentiction Protocol)를 도입해 성능을 높인 것이다.
- ④ WEP(Wired Equivalent Privacy) : 유선 랜(LAN)에서 기대할 수 있는 것과 같은 보안과 프라이버시 수준의 무선 랜(WLAN)의 보안 프로토콜이다.

16 ③

무선랜의 보안 대응책

- ㉠ 무선랜은 AP 보호를 위해서는 전파가 건물 내부로 한정되도록 전파 출력을 조정하고 창이나 외부에 접한 벽이 아닌 건물 안쪽 중심부, 특히 쉽게 눈에 띄지 않는 곳에 설치 하는 것이 좋다. 또한 AP 관리 계정의 패스워드를 반드시 재설정하고, AP의 DHCP를 정지, AP의 접속 MAC 주소 필터링, SSID와 WEP 설정, 802.1X와 RADIUS 서버를 이용해 인증을 수행하는 것이 좋다.
- ㉡ 무선 네트워크 공격은 AP를 찾는 것부터 시작한다. 무선 AP를 찾으려면 무선 안테나를 구입하거나 제작하여 버스를 타고 브라우징 되며, SSID는 AP에서 브로드캐스팅 된다. 대부분의 AP가 자동 IP 주소 할당으로 작동된다.
- ㉢ RADIUS는 무선 네트워크의 문제점에 대한 대응책으로 Livingston에서 제작되었고, 네트워킹 프로토콜로 사용자가 네트워크에 연결하고 네트워크 서비스를 받기 위한 중앙 집중화된 인증·인가·회계를 관리한다.
- ㉣ Ascend와 기타 다른 네트워크 장비들에 의해 사용되고, 사실상의 산업계 표준이며, IETF 표준으로 제안되었다. RADIUS와 802.1x를 이용한 무선랜 인증 과정은 클라이언트는 AP에 접속을 요청하며, AP는 무선랜 네트워크에 클라이언트가 로그인 할 때까지 접속을 차단한다.

17 ②

국제공통평가기준(CC)의 구성요소

- ㉠ 평가보증등급(EAL) : PP, ST의 등급(0~7등급), 보증요구에 관련된 컴포넌트의 집합으로 구성된 패키지의 일종이다.
- ㉡ 보호프로파일(PP) : 공통 심사 기준, 정보 제품이 갖추어야 할 공통적인 보안 요구사항들을 모아 놓은 것이다.
- ㉢ 보안목표명세서(ST) : 특정 제품 및 시스템 의존 기능 및 요구를 포함할 수 있다.
- ㉣ 평가대상(TOE) : 심사 대상 객체가 해당된다.

18 ③

재해복구시스템의 복구 수준별 유형

유형	개념	복구 소유 시간	장점	단점
Mirror Site	• 주 센터와 동일한 수준의 정보기술 자원을 원격지에 구축 • Active 상태로 실시간 동시 서비스 제공	즉시	• 데이터 최신성 • 높은 안정성 • 신속한 업무 재개	• 높은 초기투자비용 • 높은 유지보수비용 • 데이터의 업데이트가 많은 경우에는 과부하를 초래하여 부적합
Hot Site (Data Mirroring Site)	• 데이터는 동기적 또는 비 동기적 방식의 실시간 미러링을 통하여 최신 상태로 유지 • 일반적으로 실시간 미러링을 사용하는 핫사이트를 미러사이트라 일컫기도 함 • 주센터 재해시 원격지시스템을 Active 상태로 전환하여 서비스 제공	수시간 (4시간 이내)	• 데이터 최신성 • 높은 안정성 • 신속한 업무 재개 • 데이터 업데이트가 많은 경우에 적합	• 높은 초기투자비용 • 높은 유지보수비용
Warm Site	• 중요성이 높은 정보기술 자원만 부분적으로 재해복구센터에 보유 • 데이터는 주기적(약 수시간~1일)으로 백업	수일~ 수주	• 구축 및 유지비용이 핫사이트에 비해 저렴	• 데이터 다소의 손실 발생 • 초기복구수준이 부분적임 • 복구소유시간이 비교적 오래 걸림
Cold Site	• 데이터만 원격지에 보관하고 이의 서비스를 위한 정보자원은 확보하지 않거나 장소 등 최소한으로만 확보 • 재해시 데이터를 근간으로 필요한 정보자원을 조달하여 정보시스템의 복구 개시 • 주센터의 데이터는 주기적(수일~수주)으로 원격지 백업	수주~ 수개월	• 구축 및 유지비용이 가장 저렴	• 데이터의 손실 발생 • 복구에 매우 긴 시간이 소요됨 • 복구 신뢰성이 낮음

19 ②

① 정보통신서비스 제공자등은 주민등록번호, 여권번호, 운전면허번호, 외국인등록번호, 신용카드번호, 계좌번호, 바이오정보 등의 정보에 대해서는 안전한 암호알고리듬으로 암호화하여 저장한다〈개인정보의 기술적·관리적 보호조치 기준 제6조 제2항〉.

② 정보통신서비스 제공자 등은 개인정보취급자의 권한 부여, 변경 또는 말소에 대한 내역을 기록하고, 그 기록을 최소 5년간 보관한다〈개인정보의 기술적·관리적 보호조치 기준 제4조 제3항〉.

③ 정보통신서비스 제공자등은 개인정보처리시스템에 대한 개인정보취급자의 접속이 필요한 시간 동안만 최대 접속시간 제한 등의 조치를 취하여야 한다〈개인정보의 기술적·관리적 보호조치 기준 제4조 제10항〉.

④ 정보통신서비스 제공자등은 개인정보취급자를 대상으로 다음의 사항을 포함하는 비밀번호 작성규칙을 수립하고, 이를 적용·운용하여야 한다〈개인정보의 기술적·관리적 보호조치 기준 제4조 제8항〉.

  1. 영문, 숫자, 특수문자 중 2종류 이상을 조합하여 최소 10자리 이상 또는 3종류 이상을 조합하여 최소 8자리 이상의 길이로 구성

  2. 연속적인 숫자나 생일, 전화번호 등 추측하기 쉬운 개인정보 및 아이디와 비슷한 비밀번호는 사용하지 않는 것을 권고

  3. 비밀번호에 유효기간을 설정하여 반기별 1회 이상 변경

20 ④

주민등록번호의 사용 제한〈정보통신망 이용촉진 및 정보보호 등에 관한 법률 제23조의2〉

① 정보통신서비스 제공자는 다음의 어느 하나에 해당하는 경우를 제외하고는 이용자의 주민등록번호를 수집·이용할 수 없다.

  1. 본인확인기관으로 지정받은 경우

  2. 법령에서 이용자의 주민등록번호 수집·이용을 허용하는 경우

  3. 영업상 목적을 위하여 이용자의 주민등록번호 수집·이용이 불가피한 정보통신서비스 제공자로서 방송통신위원회가 고시하는 경우

② 주민등록번호를 수집·이용할 수 있는 경우에도 이용자의 주민등록번호를 사용하지 아니하고 본인을 확인하는 방법(이하 "대체수단"이라 한다)을 제공하여야 한다.

21 ②
① 기준정보관리(MDM, Master Data Management) : 기업 비즈니스의 핵심 데이터인 기준 정보(마스터 데이터)를 생성하고 일관성 있게 유지하며 비즈니스 프로세스의 흐름에 맞춰 정확하게 관리하기 위한 기술 및 솔루션과 조직
③ 다중부호화(MDC, Multiple Description Coding) : 정보를 분할하여 부호화하는 방식. 부호화 데이터를 전송할 때 생기는 전송 채널의 에러를 최소화하고 전송 대역의 활용도를 높이기 위해 사용하는 코딩 방식
④ 목표 복구 시점(RPO, Recovery Point Objective) : 조직에서 발생한 여러 가지 재난 상황으로 IT 시스템이 마비되었을 때 각 업무에 필요한 데이터를 여러 백업 수단을 활용하여 복구할 수 있는 기준점

22 ④
APT(Advanced Persistent Threats) 공격 … 특정 타깃에 대한 지속적인 위협 및 공격으로서, 주로 E-Mail을 통해 이루어지며 내부자에게 악성코드를 발송하고 내부자 중 누군가가 해당 악성코드에 감염되면 이를 통해 내부망으로 침투한다.

23 ④
메시지 인증 코드(MAC : Message Authentification Code) … 메시지의 인증을 위해 메시지에 부가되어 전송되는 작은 크기의 정보. 비밀키를 사용함으로써 데이터 인증과 무결성을 보장할 수 있다. 비밀키와 임의 길이의 메시지를 MAC 알고리듬으로 처리하여 생성된 코드를 메시지와 함께 전송한다.

24 ④
SQL 기반 데이터베이스의 권한 관리 명령어
㉠ DDL = 정의어
• DDL은 데이터 구조를 정의하는 질의문
• 데이터베이스를 처음 생성하고 개발할 때 주로 사용하고 운영 중에는 거의 사용하지 않음
• CREATE : 데이터베이스 객체를 생성한다.
• DROP : 데이터베이스 객체를 삭제한다.
㉡ DML = 조작어
• DML은 데이터베이스의 운영 및 사용과 관련해 가장 많이 사용하는 질의문
• 데이터의 검색과 수정 등을 처리
• SELECT : 사용자가 테이블이나 뷰의 내용을 읽고 선택한다.
• INSERT : 데이터베이스 객체에 데이터를 입력한다.
• UPDATE : 기존 데이터베이스 객체에 있는 데이터를 수정한다.
• DELETE : 데이터베이스 객체에 있는 데이터를 삭제한다.
㉢ DCL = 제어어
• DCL은 권한 관리를 위한 질의문
• GRANT : 데이터베이스 객체에 권한을 부여한다.
• DENY : 사용자에게 해당 권한을 금지한다.
• REVOKE : 이미 부여된 데이터베이스 객체의 권한을 취소한다.

25 ③
③ 폭탄메일 공격(Mail Bomb) : 다량의 전자우편을 집중적으로 전송하므로 시스템을 다운시키는 서비스 거부 공격(DoS) 행위이다.
※ 스위칭 환경에서 스니핑(Sniffing)을 수행하기 위한 공격
㉠ ARP 스푸핑(Spoofing) : 공격자가 특정 공격대상자를 대상으로 ARP Redirect 공격처럼 ARP 테이블을 조작하여 공격대상자의 패킷을 스니핑하는 공격
㉡ ICMP 리다이렉트(Redirect) : 라우터나 게이트웨이를 두 개 이상 운영하는 경구 로드 밸런싱을 구현하는데, 로드 밸런싱은 시스템의 라우팅 테이블에 라우팅 엔트리를 하나 더 넣어주거나, ICMP Redirect를 사용하는 방법이 있다.
㉢ ARP Redirect 공격 : 위조된 arp reply를 보내는 방법, 공격자가 나의 MAC 주소가 라우터의 MAC 주소다 라는 위조된 ARP reply를 브로드캐스트로 네트워크에 주기적으로 보내어 스위칭 네트워크상의 모든 호스트들이 공격자 호스트를 라우터라고 믿게 한다.
㉣ 스위치 재밍(Switch Jamming) : 일반적으로 스위치 장치들은 MAC 주소 테이블이 가득 차게 되면 모든 네트워크 세그먼트로 트래픽을 브로드캐스팅 하는 특성을 가지고 있다.
㉤ Switch의 SPAN/MONITOR 포트를 이용하는 방법 : 특별한 공격을 수행하지 않고 스위치의 포트 미러링이 가능한 Monitor 포트에 노트북이나 컴퓨터를 접속하여 물리적으로 스니핑을 가능하게 하는 방법이다.

제3회 정답 및 해설

✎ 국어

1 ④
① 담쟁이덩쿨 → 담쟁이덩굴, 담쟁이넝쿨
② 벌러지 → 벌레, 버러지
③ 푸줏관 → 푸줏간
※ 기타 주의해야할 표준어 규정

바른 표기	잘못된 표기	바른 표기	잘못된 표기
강낭콩	강남콩	웃어른	윗어른
깡충깡충	깡총깡총	위층	웃층
끄나풀	끄나플	윗도리	웃도리
녘	녁	풋내기	풋나기
돌	돐	셋째	세째

2 ④
④ 상견례는 장음이 아닌 단음으로 [상견녜]로 발음된다.

3 ②
'늘리다'는 '물체의 넓이, 부피 따위를 본디보다 커지게 하다'라는 뜻을 가진다.
'붙다'는 '어떤 감정이나 감각이 생겨나다.'는 의미이다.
① '한겨울'은 한 단어이므로 붙여 쓴다.
③ 헬쑥한 → 핼쑥한 / 해쓱한
④ 걷잡아도 → 겉잡아도
　걷잡다 : 한 방향으로 치우쳐 흘러가는 형세 따위를 붙들어 잡다.
　겉잡다 : 겉으로 보고 대강 짐작하여 헤아리다.

4 ④
① '장소'의 의미를 갖는 부사격조사
② '비교'의 의미를 갖는 부사격조사
③ '자격'의 의미를 갖는 부사격조사

※ 조사의 종류
　㉠ **격조사** : 체언이나 용언의 명사형 아래에서, 그 명사형이 문장 안에서 다른 말에 대하여 가지는 자리를 나타내는 조사
　㉡ **보조사** : 체언이 어떤 문장성분으로 쓰이는 데에 그 체언에 어떤 뜻을 첨가하여 주는 조사
　㉢ **접속조사** : 두 단어를 같은 자격으로 이어 주는 구실을 하는 조사

5 ②
① 무릎쓰고 → 무릅쓰고
③ 띤 → 띤
④ 벌렸다가 → 벌였다가

6 ②
② 구비문학은 계속적으로 변하며, 그 변화가 누적되어 개별적인 작품이 존재하는 특징을 지니므로 유동문학(流動文學), 적층문학(積層文學)이라고도 한다.

7 ③
언어의 분절성 … 언어는 연속적인 자연의 세계를 불연속적으로 끊어서 사용한다. 단어와 단어 사이가 분절된다는 것이나 자음과 모음이 나누어진다는 것이 그 예이다. 예로 연속된 무지개를 일곱 개의 색으로 나누어 표현하는 것과, 1분 1초 처럼 연속된 시간을 분절하여 나타내는 것이 있다.
① **추상성** : 언어는 개념을 단위로 하는데 개념은 추상화 과정을 거쳐 만들어진다.
② **자의성** : 형식(음성)과 내용(의미) 사이에는 아무런 필연성이 없다. 집단 언중들이 임의적으로 결합시킨 것으로, 언어는 사회마다 다르다.
④ **역사성** : 언어는 시대의 흐름에 따라 형태와 의미가 신생·성장·사멸한다.

8 ①

저지레 … 일이나 물건에 문제가 생기게 만들어 그르치는 일

9 ④

④ 千慮一失(천려일실) : '천 번 생각에 한 번 실수'라는 뜻으로 슬기로운 사람이라도 여러 생각 가운데 잘못된 것이 있을 수 있음을 이르는 말이다.
① 좌고우면
② 불문곡직
③ 청출어람

10 ③

제시된 글은 윤선도의 '어부사시사' 중 춘사의 일부이다. 종장에서는 청신한 계절감각을 찾아보기 어렵다.

※ 현대어풀이
동풍이 건듯 부니 물결이 고이 인다.
동쪽 호수를 돌아보며 서쪽 호수로 가자꾸나.
앞산 지나가고 뒷산이 나아온다.

11 ③

③ Ⅱ. 전개 1의 ㈐는 문화 산업을 육성하자는 이 글의 주제와 맥락을 함께한다. 따라서 삭제해서는 안 된다.

12 ②

• 아아, 옛적에 거울을 보는 사람은 그 ㉠맑은 것을 취하기 위함이었지만, : 4번째 문장에서 "군자가 이것(거울)을 보고 그 맑은 것을 취한다."라고 했으므로 ㉠에 들어갈 말은 '맑은 것'이 적절하다.

• 내가 거울을 보는 것은 그 ㉡흐린 것을 취하기 위함이니, : 5번째 문장에서 "지금 그대의 거울은 흐릿하고"라고 했으므로 ㉡에 들어갈 말은 '흐린 것'이 적절하다.

13 ③

'㉢'은 위 글의 중심문장으로 맨 앞에 와야 하고 '㉢'의 뒤를 이어 과학과 종교에 대해 이야기 하고 있는 '㉠'과 '㉣'이

와야 한다. 하지만 '㉣'이 '반면 ~'으로 시작함으로 '㉣' 앞에 '㉠'이 옴을 알 수 있다. 그리고 '㉤'은 앞에 나온 과학과 종교에 대한 내용을 한 문장으로 요약하였기 때문에 '㉣' 뒤에 와야 한다. 끝으로 '㉡'은 다시 앞에 나온 '㉤'의 내용의 반론이자 저자의 중심 생각을 강조한 내용이므로 마지막 부분에 온다. 따라서 ③이 옳은 정답이다.

14 ③

③ 겉보기에는 먹음직스러운 빛깔을 띠고 있지만 실은 맛없는 개살구라는 뜻으로, 겉만 그럴듯하고 실속이 없는 경우를 비유적으로 이르는 말
① 내용이 좋으면 겉모양도 반반함을 비유적으로 이르는 말. 또는 겉모양새를 잘 꾸미는 것도 필요함을 비유적으로 이르는 말
② 불에 볶은 콩은 싹이 날 리가 없다는 뜻으로, 아주 가망이 없음을 비유적으로 이르는 말
④ 겉모양은 보잘것없으나 내용은 훨씬 훌륭함을 이르는 말

15 ③

③ 의존명사 '지', '만'은 모두 띄어 쓰는 것이 옳다.
※ 한글맞춤법 제5장 제43항 단위를 나타내는 명사는 띄어 쓴다. 다만, 순서를 나타내는 경우나 숫자와 어울리어 쓰이는 경우에는 붙여 쓸 수 있다.
① 옷∨한∨벌∨살∨돈이∨없다.
② 큰∨것은∨큰∨것대로∨따로∨모아∨둬라.('대로'는 체언과 함께 쓰이면 의존명사가 아닌 조사이므로 앞 말에 붙여 쓴다.)
④ '난생처음'은 한 단어이므로 붙여 쓴다.

16 ①

①은 '이상향'을 의미하는 시어이며 ②③④는 '깃발'을 의미한다.

17 ④

제시문에 사용된 논리 전개 방식은 유추이다.
① 3단 논법(연역법)
② 대조
③ 귀납법

18 ④

㉠의 '타다'는 '탈 것이나 짐승의 등 따위에 몸을 얹다'는 뜻으로 유사한 의미는 '어떤 조건이나 시간, 기회 등을 이용하다'의 의미로 ④이다.
① 복이나 재주, 운명 따위를 선천적으로 지니다.
② 악기의 줄을 퉁기거나 건반을 눌러 소리를 내다.
③ 부끄럼이나 노여움 따위의 감정이나 간지럼 따위의 육체적 느낌을 쉽게 느끼다.

19 ③

사랑하는 사람과 이별하여 달을 보며 외로운 자신의 처지를 한탄하고 있다. ③은「황조가」로 짝을 잃은 슬픔과 외로움을 나타내고 있어 글의 내용과 시적 상황이 가장 유사하다.
①「공무도하가」로 임을 여읜 슬픔을 나타내고 있다.
② 허난설헌의「빈녀음」으로 가난한 여인의 처지를 나타내고 있다.
④ 정지상「송인」으로 이별의 슬픔을 나타내고 있다.

20 ③

괄호 뒤에 내용은 괄호의 내용에 대한 설명에 해당된다. 이해관계에 의해 국가 간의 관계가 바뀌는 사례에 대해 나오고, '그것은 오로지 소유에 바탕을 둔 이해관계 때문이다'는 문장을 통해 괄호 안에 들어갈 문장이 '소유욕은 이해와 정비례한다'가 됨을 알 수 있다.

21 ④

'몰두(沒頭)'의 한자를 보면 '沒(빠질 몰), 頭(머리 두)'로 보통 쓰이는 의미인 '어떤 일에 온 정신을 다 기울여 열중함'이 아닌, 글자 그대로의 의미로 짐짓 받아들여서 독자에게 웃음을 유발한다.

22 ④

제시된 글은 실험을 통해 학생들의 열심히 듣기와 강의에 대한 반응이 교수의 말하기에 미친 영향을 보여 주고 있다. 즉, 경청, 공감하며 듣기의 중요성에 대해 보여 주는 것이다.

23 ②

제시된 글에서 글쓴이는 경제의 글로벌화로 다양성이 증대되었다고 생각하기 쉽지만, 실제로는 다양성을 깨끗이 지워버리는 한편, 세계 전역에 걸쳐 지역마다의 문화적 특성까지도 말살하고 있다고 언급하고 있다. 따라서 이 글의 의도에 부합하는 반응은 ②이다.

24 ②

② 조간대 중부에 사는 생물의 종류는 언급되지 않았다.
① 셋째 문단에 '조간대를 찾았을 때 총알고둥류와 따개비들을 발견했다면 그곳이 조간대에서 물이 가장 높이 올라오는 지점인 것이다'를 통해 알 수 있다.
③ 조간대는 극단적이고 변화무쌍한 환경으로 이러한 불안정하고 척박한 바다 환경에 적응하기 위해 높이에 따라 수직으로 종이 분포한다(마지막 문단).
④ 둘째 문단을 통해 알 수 있다.

25 ②

첫 문장에서 인간사와 자연사의 차이를 언급한 후 '그런데'로 이어지는 둘째 문장에서 첫 문장과 반대되는 의견을 진술한다. 따라서 ㉠에는 인간사와 자연사를 이분법적 대립 구도로 파악하는 것은 옳지 않다는 내용이 들어가고, 뒤로 인간사와 자연사의 변증법적 지양과 일여한 합일을 지향했다는 내용이 이어지는 것이 자연스럽다.

✎ 컴퓨터일반

1 ②

SRAM(Static Random Access Memory)은 플립플롭 방식의 메모리 장치를 가지고 있는 RAM(Random Access Memory)의 하나이며 전원이 공급되는 동안만 저장된 내용을 기억하고 있다.

2 ④

후위 순회(post-order traversal)는 전위 순회의 반대로 왼쪽 하위 트리부터 시작해서 오른쪽 형제 노드를 방문한 후 루트노드를 방문하는 방법이다.

※ 트리 순회법의 종류
ㄱ 전위 순회(Preorder Traversal)
ㄴ 중위 순회(Inorder Traversal)
ㄷ 후위 순회(Postorder Traversal)

3 ③

내부정렬방법 중에서 가장 좋다고 증명된 시간복잡도는 $O(n\log_2 n)$이다.

4 ③

VLOOKUP(찾을값, 배열범위, 열번호) : 배열의 첫 열에서 값을 찾은 후 열 번호에서 해당하는 값을 구한다.
=VLOOKUP (A3,   Sheet1!A2:D6,   4, 0)
 함수명 찾을셀선택   참조하는 범위   가져올 값
※ 타시트 범위를 참조할 경우 시트명 뒤에 !가 생긴다.

5 ①

설계단계의 목표는 모듈의 독립성을 보장하는 것이다. 좋은 평가로는 모듈간 결합도는 최소화(약)하고, 모듈간 응집도는 최대화(강)해야 한다.

6 ①

② 통신망에 돌아다니는 데이터를 몰래 도청하는 행위
③ 전화, 메신저, 위장 사이트 등을 통해 개인을 속여 금융거래에 필요한 정보를 빼내거나 현금을 편취하는 사기행위
④ 시스템을 악의적으로 공격해 해당 시스템의 자원을 부족하게 하여 원래 의도된 용도로 사용하지 못하게 하는 공격

7 ③

③ RAID-4는 데이터를 바이트 단위가 아니라 블록 단위로 분산하여 저장한다. 따라서 '읽기' 시에는 필요한 블록을 가지고 있는 디스크만을 접근하며, '쓰기' 시에는 해당 블록을 가지는 디스크와 패리티 디스크를 접근하게 된다.

8 ①

① 직접 사상(direct mapping) 방식에서 주기억장치의 블록은 특정 라인에만 적재한다.

9 ④

④ Go-Back-N ARQ에서 프레임에 오류가 발생하는 경우 오류가 발생한 프레임부터 재전송을 하므로 3, 4, 5, 6번의 4개 프레임이 재전송된다.

10 ④

ㄱ GROUP BY 절 : 그룹별 검색할 때 사용되며 그룹 함수를 같이 사용해야 한다.
• COUNT( ) : 개수를 구하는 함수
• AVG( ) : 평균을 구하는 함수
• MIN( ) : 최솟값을 구하는 함수
• MAX( ) : 최댓값을 구하는 함수
• SUM ( ) : 총합을 구하는 함수
ㄴ HAVING 절 : GROUP BY 절에서 생성된 중간 테이블에서 동작한다. GROUP BY 후, 조건절에서 SUM, COUNT, 등등의 조건절이 오는 경우에 이용한다.

11 ①

인출단계 … 주기억장치에서 명령을 읽어 들여 명령 레지스터에 저장하는 단계를 의미하며, 소요되는 시간을 명령인출시간이라 한다. 인출 사이클의 오퍼레이션은 다음과 같다.

㉠ MAR ← PC

㉡ MBR ← M(MAR), PC ← PC+1

㉢ IR ← MBR

㉣ F ← 1 또는 R ← 1

12 ③

① 객체 내부의 변수 및 메소드 등의 정보를 객체 밖으로 공개하지 않고 따로 공개하는 변수나 메소드를 통해 객체를 사용할 수 있게 하는 것으로 변수 접근제한자인 private, 메소드 접근제한자 public을 사용한다.

② 상속이란 클래스의 모든 내용을 그대로 가져온다는 의미로 상위클래스를 지정하는 것으로 extends라는 예약어를 통해 사용한다.

③ 오버라이딩은 변수의 상속이 아닌 메소드의 상속을 의미하며 throws 구문이 있어야 한다.

④ 상속과 관련하여 동일 이름의 변수가 상위클래스와 하위클래스에 동시에 사용될 때 하위클래스를 호출할 경우 하위클래스 변수가 상위클래스 호출 시 상위클래스 변수가 불러지게 되는 것을 말한다.

13 ④

B2 열 B행 2에 있는 셀을 말하며 열이동, 행이동이 가능하다.

B$7은 B7 셀의 위치를 열은 이동이 가능하지만 행은 7에 고정시키는 것을 말한다.

각 사원의 수주량은 각 사원 수주량 / 수주량의 합계로 구한다.

전체 판매금액 대비 각 사원 판매금액의 비율은 각 사원 판매금액 / 판매금액합계로 구한다.

14 ④

연산 대상 뒤에 연산표기를 하는 것이 후위표기법으로 위를 계산하면 일단 4와 5를 더하고 곱셈이 덧셈에 우선하므로 2와 3을 곱한다. 그러면 9 6 −이 남

게 되고 이를 계산하면 3이 나오게 된다.

그러므로 4, 5, 9, 2, 3, 6, 3이 된다.

15 ④

㉢ 패리티 비트는 정보 전달 과정에서 오류가 발생하였는지를 검사하기 위해 추가된 비트로 전송하는 데이터의 각 문자에 1 비트를 더하여 전송하는 방법으로 홀수, 짝수 패리티 비트가 있다. 오류 검출 부호로 가장 간단한 코드이며, 오류 발생 여부만을 알 수 있고 오류를 수정할 수는 없다.

16 ②

이진 탐색 트리(Binary Search Tree) … 공백이 가능한 이진트리로, 공백이 아니라면 특정 부노드를 기준으로 자노드 값이 크면 오른쪽에, 작으면 왼쪽에 배치할 수 있는 트리이다. A, B, L, E 순서로 문자를 추가하면 트리의 깊이는 4가 된다.

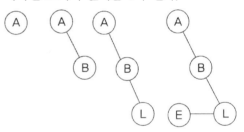

17 ②

인터럽트 입출력 제어방식 … CPU가 직접 제어하는 방식 중에서 CPU가 계속 Flag를 검사하지 않고 입출력 장치의 요구가 있을 때 데이터를 전송하는 제어방식이다.

① Polling에 입출력은 입출력을 하기 위해 CPU가 계속 Flag를 검사하고, 자료 전송도 CPU가 직접 처리하는 방식이다.

③ DMA 제어기에 의한 입출력 장치가 직접 주기억장치를 접근하여 Data Block을 입출력하는 방식으로, 입출력 전송이 CPU 레지스터를 경유하지 않고 수행된다.

④ 채널 제어기에 관한 입출력 방식은 CPU의 관여 없이 채널 제어기가 직접 채널 명령어로 작성된 프로그램을 해독하고 실행하여 주기억장치와 입출력장치 사이에서 자료전송을 처리하는 방식이다.

18 ①

응집도란 하나의 클래스가 하나의 기능을 온전히 담당하는 정도를 의미한다.

결합도란 클래스간의 서로 다른 책임이 얽혀 있는 정도를 뜻한다.

※ 소프트웨어 설계의 5대 원칙
  ㉠ 단일 책임의 원칙
  ㉡ 의존관계 역전의 원칙
  ㉢ 인터페이스 분리의 원칙
  ㉣ 리스코프 대체 원칙
  ㉤ 개발폐쇄의 원칙

19 ③

웹 캐시(Web Cache) … WWW용 프럭시 캐시. 홈페이지 열람자는 웹 페이지 방문 시 직접 서버에 접속하지 않고 근처의 프럭시 서버에 접속한다. 프럭시 서버는 원래의 페이지에 접속된 후 열람자에게 되돌아감과 동시에 디스크에 캐시되므로, 이후부터 동일 페이지에 접속할 때는 디스크에 캐시된 페이지를 사용한다. 이 웹 캐시로 페이지를 읽으면 고속화되고, 대역폭은 절약된다. 웹 캐시로는 스퀴드(Squid) 캐시나 아파치(Apache) 캐시 서버 또는 하비스트(Harvest) 캐시나 네스케이프 프럭시 서버 등이 널리 이용된다.

20 ④

int i=10 ;	// 정수형 변수 i 10으로 초기화
int j=20 ;	// 정수형 변수 j 10으로 초기화
int * k =&i ;	// 정수형을 가리키는 포인터 k가 변수 i를 가리킴
scanf(%d , k);	// scanf() 함수는 주어진 양식으로 자료를 입력받아 지정된 기억공간에 저장하므로 입력한 90은 k가 가리키는 변수 i에 저장된다.
printf(%d, %d, %d\n , i, j, * k);//	변수 i, j의 값과 포인터 k가 가리키는 값을 출력하므로 90, 20, 90 출력한다.

21 ②

UP(Unified Process) … Jacobson, Booch, Rumbaugh에 의하여 1999년에 개발된 객체지향 소프트웨어 개발방법론으로서 유스케이스 기반과 아케텍처 중심 개발, 위험관리 중시, 반복적이고 점진적인 개발방법이다.

※ UP(Unified Process)의 주기
  ㉠ 도입(inception) : 출하 제품에 대해 좋은 아이디어와 제품의 비즈니스 케이스가 표시되는 단계로 각 유저에게 시스템이 어떻게 사용될 것인지, 아키텍처가 어떠할 것인지에 대한 고민이 있어야 한다.
  ㉡ 상세(elaboration) : 대부분의 유스케이스와 아키텍처가 디자인되는 단계로 이때 프로젝트에 대한 비용을 추산한다.
  ㉢ 구축(construction) : 모든 유스케이스가 제품에 반영되는 단계로 아키텍처가 안정되고 출하 준비를 한다.
  ㉣ 이행(transition) : 베타 릴리즈하는 단계로 결함과 버그를 수정한다.

22 ②

구 구조 문법 … 기호 또는 기호열을 다른 기호열로 바꾸어 쓸 경우 바꿔 쓰기 규칙의 체계로 표현되는 생성 문법, 문맥 자유 문법, 문맥 규정 문법 등이 있다. S는 시단기호로 이 문법 G로 인해 S로부터 도출되는 문의 집합을 문법 G로 인해 생성되는 언어라 하고, 구 구조 문법으로 인해 생성되는 언어를 구 구조 언어라 한다.

① $0 : S_1 \rightarrow O$
③ $01 : S_1 \rightarrow OS_2, \ S_2 \rightarrow 1$
④ $001 : S_1 \rightarrow OS_2, \ S_2 \rightarrow OS_2, \ S_2 \rightarrow 1$

23 ②

② 네트워크 계층은 데이터를 목적지까지 안전하고 빠르게 전달하기 위해 라우팅, 흐름제어, 단편화, 오류제어 등을 수행한다. IP주소를 사용하며 네트워크 계층의 대표적인 장비로 라우터와 Layer3 스위치가 있다.

24 ①

벡터 방식 … 점과 점을 연결하는 수학적 함수 관계에 의해 이미지를 표현함으로써 선과 면을 생성한다. 색상과 위치 속성을 포함하는 라인과 커브를 이용하여 이미지를 표현하는 것이다. 벡터 이미지 편집은 데이터들의 속성을 수정하는 것으로 작업 시 확대/축소가 자유로울 수 있고 저장 용량 또한 현저히 줄어들게 된다. 이러한 벡터 이미지는 베지어, 스몰라인 등의 곡선으로 이루어져 있는데 이것이 이미지의 형태와 모양을 결정짓는 요소이다.

※ 비트맵 방식 … '픽셀'이라 불리는 작은 사각형의 점들로 이미지를 표현한다. 높은 해상도일 경우 몇 백배 이상 확대해야만 볼 수 있는 아주 작은 사각형의 컬러 입자라고 할 수 있다.

높은 해상도일수록 그 입자의 크기 즉 '픽셀'의 수가 많은 것이고 낮은 해상도일수록 '픽셀'의 수가 적다. 대표적인 프로그램이 바로 포토샵이다.

25 ①

스레드(thread) … 멀티태스크 환경에서 OS가 프로그램을 평행처리할 때 효율적인 처리를 실현하기 위해 처리를 분할하는데, 그 단위를 가리킨다. 스레드는 자기만 접근할 수 있는 별도의 스택과 레지스터를 갖는다.

✎ 정보보호론

1 ④

메시지 인증 코드(MAC : Message Authentication Code)란 메시지에 붙여지는 작은 데이터 블록을 생성하기 위해 비밀키를 이용하는 것으로 전송되는 메시지의 무결성과 인증이 가능하다.

2 ④

※ **위험 평가를 위한 요소**

　㉠ **자산(Asset)** : 조직이 보호해야 할 대상으로 정보, 하드웨어, 소프트웨어, 시설 등을 말하며 인력 및 기업 이미지 등 무형 자산도 포함된다.

　㉡ **취약점(Vulnerability)** : 정보시스템이나 조직의 결함으로 위협의 원인이 되는 관리적, 물리적, 기술적 약점이다.

　㉢ **위협(Threat)** : 정보시스템이나 조직에 해를 끼치는 사건 및 행동으로, 가로채기, 가로막음, 변조 및 위조 등이 있다.

　㉣ **위험(Risk)** : 비정상적인 일이 발생할 수 있는 가능성을 말하며, '자산 × 위협 × 취약점'으로 표현된다.

3 ①

유닉스(Unix)의 로그 유형

　㉠ history : 명령창에 실행했던 명령 내역

　㉡ sulog : switch user 명령어 사용 내역

　㉢ xferlog : FTP 파일 전송 내역

　㉣ loginlog : 5번 이상 로그인 실패를 했을 때 로그인 실패 정보를 기록한다.

4 ①

TLS(Transport Layer Security)란 전달되는 메일 내용을 암호화하여 비밀성을 유지하기 위해 사용하는 통신규약으로 메일을 송수신하는 과정에서 네트워크 상에서 도청과 '스니핑'(네트워크상에서 자신이 아닌 다른 상대방들의 패킷 교환을 훔쳐보는 행위)을 방지할 수 있다.

TLS 프로토콜은 공개키 인증서에 의존하는 웹 환경에서 클라이언트와 서버 간의 일방향 또는 상호인증에 필요한 기능을 포함하고 있으며, TLS에서 제공되는 기능은 메시지의 기밀성과 무결성이다.

5 ③

　㉠ 지식 기반 인증이란 사람의 지식에 따른 내용으로 인증하는 방식으로 사람의 습관에 따라 패스워드를 설정함으로 인해 유추가 쉽고 보안성이 떨어지지만 관리가 편하고 구축이 용이하다는 장점이 있다.

　㉡ 소지 기반 인증이란 소지한 별도 매체의 고유정보를 직접 제시하거나 매체에 대한 분실우려가 있으며 대표적으로 OTP토큰, 보안카드, 공인인증서가 있다.

　㉢ 생체 기반 인증이란 신체의 특성을 이용한 지문인식, 홍채인식, 망막인식, 손모양, 안면인식 등이 있고 행위특성으로는 음성인식과 서명이 있다.

6 ①

ISO 27001 관리 항목 요구사항

- 자산 관리 : 조직의 자산에 대한 적절한 보안책을 유지
- 정보보호정책 : 정보보호관리에 대한 방침과 지원사항을 제공하기 위함
- 정보보호조직 : 조직 내에서 정보보호를 효과적으로 관리, 정보보호에 대한 책임을 설정
- 인력자원보안 : 사람에 의한 보안의 중요성 강조, 고용 전, 고용 중, 고용 만료로 분류
- 물리적 및 환경보안 : 비인가된 접근, 손상과 사업장 및 정보에 대한 영향을 방지
- 통신 및 운영관리 : 정보처리 설비의 정확하고 안전한 운영을 보장
- 접근통제 : 정보에 대한 접근통제
- 정보시스템 구축, 개발 및 유지 : 정보 시스템 내에 보안이 수립되었음을 보장
- 정보보호사고관리 : 정보시스템과 관련된 정보보호사건이나 약점 증에 대해 적절하고 의사소통이 되면서 대응책을 신속히 수립하기 위함
- 사업 연속성 관리 : 사업 활동에 방해요소를 완화시키며, 주요 실패 및 재해의 영향으로부터 주요 사업 활동을 보호
- 적법성 : 조직의 정보보호정책이나 지침 등을 준수

7 ④

① 애드웨어 : 무료로 사용되는 프리웨어나 일정한 금액으로 제품을 구매해야 하는 셰어웨어 등에서 광고 보는 것을 전제로 사용이 허용되는 프로그램이다.
② 트로이 목마 : 컴퓨터 사용자의 정보를 빼가는 악성 프로그램이다.
③ 백도어 : 시스템 설계자나 관리자에 의해 고의로 남겨진 시스템의 보안 허점으로 응용프로그램이나 운영체제에 삽입된 프로그램 코드이다.

8 ③

데이터베이스 시스템 요구사항
㉠ 부적절한 접근방지 : 승인된 사용자의 접근요청을 DBMS에 의해 검사
㉡ 추론방지 : 일반적 데이터로부터 비밀정보를 획득하는 추론이 불가능함
㉢ 데이터베이스의 무결성 보장 : 데이터베이스의 일관성 유지를 위하여 모든 트랜잭션은 원자적이어야 하고, 복구시스템은 로그파일을 이용하여 데이터에 수행된 작업, 트랜잭션 제어, 레코드 수정 전 후 값 등을 기록해야 함
㉣ 데이터의 운영적 무결성 보장 : 트랜잭션의 병행처리 동안에 데이터베이스 내의 데이터에 대한 논리적인 일관성을 보장함
㉤ 데이터의 의미적 무결성 보장 : 데이터베이스는 데이터에 대한 허용값을 통제함으로써 변경 데이터의 논리적 일관성을 보장함
㉥ 감사기능 : 데이터베이스에 대한 모든 접근의 감사 기록을 생성해야 함
㉦ 사용자 인증 : DBMS는 운영체제의 사용자 인증보다 엄격한 인증 요구함

9 ②

② 응용 계층 게이트웨어 : OSI 7계층 모델 중 애플리케이션 계층까지 동작하며 지나가는 패킷의 헤더 안의 DATA 영역까지도 체크하며 통제한다. 단점으로는 트래픽이 OSI 7계층에서 처리되기 때문에 다른 방식과 비교해서 방화벽의 성능이 떨어지며, 또한 일부 서비스에 대해서는 사용자에게 투명한 서비스를 제공하기 어렵다. 방화벽에서 새로운 서비스를 제공하기 위해서 새로운 프락시 데몬이 추가적으로 필요하기 때문에, 새로운 서비스에 대한 유연성이 떨어진다.
① 패킷 필터링 방화벽 : 관리자가 필터링을 위해 정의한 IP와 PORT를 목록으로 작성하여, 차단 목록을 기반으로 네트워크 계층과 전송계층에서 차단할 수 있는 필터링 기법이다.
③ 스테이트풀 인스펙션 방화벽 : 패킷 필터링 방식과 애플리케이션 게이트웨이 방식의 완벽한 방화벽 기능을 수행하지 못하고, 속도가 저하되는 등의 여러 가지 단점을 극복하고 장점만을 구현한 새로운 개념의 방화벽 방식이다.
④ 서킷 레벨 게이트웨이 : OSI 7계층 구조 중 세션 계층에 위치하며 애플리케이션 계층 사이에서 접근 제어를 실시하는 방화벽을 말한다.

10 ④

IPSec란 안전에 취약한 인터넷에서 안전한 통신을 실현하는 통신규약이다.

네트워크 계층인 인터넷 프로토콜에서 보안성을 제공해 주는 표준화된 기술로 데이터 송신자의 인증을 허용하는 인증 헤더(AH)와, 송신자의 인증 및 데이터 암호화를 함께 지원하는 ESP 등 두 종류의 보안 서비스가 있으며, 보안 게이트웨이 간의 보안 터널을 제공하는 터널모드와 종단 호스트 간의 보안 터널을 제공하는 트랜스 포드 모드를 제공한다.

※ AH(Authentication Header)란 무결성과 데이터 원본 인증을 제공하며 일련번호를 사용으로 재생공격으로로부터 보호한다.

11 ①

크로스사이트 요청 위조란 새로운 공격은 아니지만, 간단하고 매우 위협적인 공격이다. 로그인한 피해자의 브라우저가 취약한 웹 애플리케이션에 요청을 보내도록 하여 피해자 대신 선택된 작동을 수행하도록 한다.

12 ④

전자서명(digital signature)의 5가지 조건
㉠ 위조불가란 합법적인 서명자만이 전자서명을 생성하는 것이 가능해야 한다.
㉡ 서명자 인증이란 전자서명의 서명자를 불특정 다수가 검증할 수 있어야 한다.
㉢ 부인방지란 서명자는 서명행위 이후에 서명한 사실을 부인할 수 없어야 한다.
㉣ 변경불가란 서명한 문서의 내용을 변경할 수 없어야 한다.
㉤ 재사용 불가란 전자문서의 서명을 다른 전자문서의 서명으로 사용할 수 없어야 한다.

13 ②

② ESP(Encapsulation Security Payload) : 모든 패킷이 암호화 되고, 변조방지(무결성) 및 인증을 위해 해시코드가 첨부된다. 거꾸로 이 패킷을 수신하는 장비는 모든 패킷의 해시코드를 검사하고 패킷을 복호화 한다. IP헤더의 프로토콜 번호는 50이다.

① AH(Authentication Header) : 암호화 기능은 없으며 변조방지(무결성) 및 인증을 위한 해시코드만 첨부된다.
③ MAC(Message Authentication Code) : 메시지의 인증을 위해 메시지에 부가되어 전송되는 작은 크기의 정보로 비밀키를 사용함으로써 데이터 인증과 무결성을 보장할 수 있다.
④ ISAKMP(Interonet Security Association & Key Management Protocol) : 인터넷 환경에서 안전하게 SA 및 세션 키를 관리(생성, 협상, 삭제) 할 수 있는 프로토콜을 말한다. ISAKMP 프로토콜은 SA를 생성, 수정, 삭제하기 위한 절차 및 패킷 구조를 정의하고 있으며 상당히 범용적인 프로토콜로 설계되었다.

14 ③

WPA-PSK(Wi-Fi Protected Access Pre-Shared Key)
㉠ 802.11i 보안 표준 중 일부분으로 WEP 방식의 보안 문제점을 해결하기 위해 만들었다.
㉡ 암호화키를 이용해 128비트인 통신용 암호화키를 새로 생성하고 이 암호화키를 10,000개 패킷마다 바꾼다.
㉢ WPA-PSK는 암호화 알고리즘으로 TKIP(Temporal Key Integrity Protocol) 또는 AES알고리즘을 선택하여 사용하는 것이 가능하며, WEP보다 훨씬 더 강화된 암호화 세션을 제공한다.
㉣ AP에 접속하는 사용자마다 같은 암호화키를 사용한다는 점이 보안상 미흡하다.

15 ①

컴퓨터 포렌식(computer forensics, 컴퓨터 법의학) 또는 디지털 포렌식은 전자적 증거물 등을 사법기관에 제출하기 위해 데이터를 수집, 분석, 보고서를 작성하는 일련의 작업을 말한다.
※ 포렌식의 유형
㉠ 네트워크 포렌식이란 네트워크에서 디지털 증거를 수집하고 분석하여 법정에 제출하는 일련의 과정이다. 인터넷을 통하여 발생하는 범죄에 대한 디지털 증거를 수집하고 분석하는 것이다.
㉡ 이메일 포렌식이란 이메일 데이터로부터 송수신자, 보낸·받은 시간, 내용 등의 증거 획득 및 분석이다.

ⓒ 웹 포렌식이란 웹 브라우저를 통한 쿠키, 히스토리, 임시파일, 설정 정보 등을 통해 사용 흔적 분석이다.

ⓓ 안티 포렌식이란 데이터의 완전삭제, 암호화, 스테가노그래피이다.

ⓔ 데이터베이스 포렌식이란 방대한 데이터베이스로부터 유효한 증거 획득 및 분석이다.

16 ①

① Snort는 오픈소스이며, 실시간으로 트래픽 분석과 패킷을 기록하는 침입 방지 시스템이다.

② OTP(One Time Password)는 오직 한 번만 사용되는 패스워드이다. 이런 패스워드에는 도청이나 도난이 무의미해진다.

③ SSO(Single Sign On)은 한 번의 시스템 인증을 통하여 접근하고자하는 다양한 정보시스템에 재인증 절차 없이 접근할 수 있도록 하는 통합 로그인 솔루션이다.

④ 스마트 카드는 실질적으로 정보를 처리할 수 있다는 점에서 메모리 카드보다 발전된 기술이다. 마이크로 프로세스, 카드 운영체제, 보안 모듈, 메모리 등으로 구성되어 특정 업무를 처리할 수 있는 능력을 갖추고 있어야 한다.

17 ②

위협 · 위험 · 취약점

ⓐ **위협(Threat)** : 손실이나 손상의 원인이 될 가능성을 제공하는 환경의 집합이다. 보안에 해를 끼치는 행동이나 사건이다.

ⓑ **위험(Risk)** : 예상되는 위협에 의해 자산에 발생할 가능성이 있는 손실의 기대치. 자산의 가치 및 취약점과 위협 요소의 능력, 보호 대책의 효과 등에 의해 영향을 받는다.

ⓒ **취약점(Vulnerability)** : 위협의 이용대상으로 관리적, 물리적, 기술적 약점이다.(정보보호 대책 미비)

18 ②

① Diffie-Hellman 키 교환 방식은 인증단계가 없기 때문에 중간자(man-in-the-middle) 공격에 취약하다.

③ 타원곡선 암호 알고리즘은 타원곡선 대수문제에 기초를 두고 있으며, RSA 알고리즘과 동일한 안전성을 제공하기 위해서 더 짧은 길이의 키를 필요로 한다.

④ ElGamal 암호 알고리즘은 이산대수 문제에 근거한다. 많은 큰 수들의 집합에서 선택된 수들의 합을 구하는 것은 쉽지만, 주어진 합으로부터 선택된 수들의 집합을 찾기 어렵다는 점을 이용하는 것은 배낭 문제에 대한 설명이다.

※ **RSA 암호 알고리즘**

ⓐ RSA는 공개키 암호시스템의 하나로, 암호화뿐만 아니라 전자서명이 가능한 최초의 알고리즘으로 알려져 있다.

ⓑ RSA가 갖는 전자서명 기능은 인증을 요구하는 전자 상거래 등에 RSA의 광범위한 활용을 가능하게 하였다.

ⓒ 1978년 로널드 라이베스트(Ron Rivest), 아디 샤미르(Adi Shamir), 레너드 애들먼(Leonard Adleman)의 연구에 의해 체계화되었으며, RSA라는 이름은 이들 3명의 이름 앞글자를 딴 것이며 RSA 암호체계의 안정성은 큰 숫자를 소인수 분해하는 것이 어렵다는 것에 기반을 두고 있다.

19 ④

ISO 27001은 영국의 BSI(British Standards Institute)에서 제정한 BS7799를 기반으로 구성되어 있는, 일종의 보안 인증이자 보안 프레임워크이다. 어떤 조직이 ISO 27001 인증을 획득했다고 하면 이는 ISO 27001에서 제시한 프레임워크에 따라 회사의 위험을 관리하고, 이를 개선해나가는 체계를 갖추었다는 의미이다.

※ **보안 위험 관리 PDCA 모델**

ⓐ P(Plan) : 모든 공정은 실행하기 전에 정확하게 계획할 수 있다.

ⓑ D(Do) : 공정을 세워진 계획에 따라 실행해야만 한다.

ⓒ C(Check) : 공정은 계속 감시되어야 하며, 모든 공정이 완료되면 목표치와 결과치를 비교해야 한다.

ⓓ A(Act) : 비교 결과를 통해 오차의 근원을 제거한다.

20 ①

메시지 인증코드와 해시함수

㉠ 메시지 인증코드는 임의 길이의 메시지와 송신자 및 수신자가 공유하는 키라는 2개의 입력을 기초로 해서 고정 비트길이의 출력을 계산하는 함수이다. 이 출력을 MAC값이라 부른다.

㉡ 해쉬함수는 전자서명에 사용된다고 했는데, 이것은 서명자가 특정 문서에 자신의 개인키를 이용하여 연산함으로써 데이터의 무결성과 서명자의 인증성을 함께 제공하는 방식이다. 메시지 전체에 직접 서명하는 것은 공개키 연산을 모든 메시지 블록마다 반복해야 하기 때문에 매우 비효율적이다. 따라서 메시지에 대한 해쉬값을 계산한 후, 이것에 서명함으로써 매우 효율적으로 전자서명을 생성할 수 있다. 서명자는 메시지 자체가 아니라 해쉬값에 대해 서명을 하였지만, 같은 해쉬값을 가지는 다른 메시지를 찾아내는 것이 어렵기 때문에 이 서명은 메시지에 대한 서명이라고 인정된다.

21 ③

$(7 * x)$ mod $26 = 1$이 되는 x를 찾는 것이다.

보기에서 3번의 경우 $7 * 15 = 105$가 되어, 105 mod $26 = 1$이다.

22 ④

블록 암호 알고리즘 … 암호학에서 블록 암호(block cipher)란 기밀성 있는 정보를 정해진 블록 단위로 암호화 하는 대칭키 암호 시스템이다. 만약 암호화하려는 정보가 블록 길이보다 길 경우에는 특정한 운용 모드가 사용된다.(예, ECB, CBC, OFB, CFB, CTR)

㉠ ECB(Electronic Codebook, 전자 부호표 모드) : 가장 간단한 모드로 기밀성이 가장 낮으며 평문 블록을 암호화 한 것이 그대로 암호문 블록이 된다.

㉡ CBC(Cipher Block Chaining, 암호 블록 연쇄 모드) : 암호문 블록을 마치 체인처럼 연결시키기 때문에 붙여진 이름이다. CBC는 암호화 입력 값이 이전 결과에 의존하기 때문에 병렬화가 불가능하지만, 복호화의 경우 각 블록을 복호화한 다음 이전 암호화 블록과 XOR하여 복구할 수 있기 때문에 병렬화가 가능하다.

㉢ CFB(Cipher Feedback, 암호 피드백 모드) : 암호

피드백(cipher feedback, CFB) 방식은 CBC의 변형으로, 블록 암호를 자기 동기 스트림 암호로 변환한다. CFB의 동작 방식은 CBC와 비슷하며, 특히 CFB 암호 해제 방식은 CBC 암호화의 역순과 거의 비슷하다.

㉣ OFB(Output Feedback, 출력 피드백 모드) : 출력 피드백(output feedback, OFB)은 블록 암호를 동기식 스트림 암호로 변환하며 XOR 명령의 대칭 때문에 암호화와 암호 해제 방식은 완전히 동일하다.

㉤ Counter(CTR, 카운터 모드) : 카운터(Counter, CTR) 방식은 블록 암호를 스트림 암호로 바꾸는 구조를 가진다. 카운터 방식에서는 각 블록마다 현재 블록이 몇 번째인지 값을 얻어, 그 숫자와 nonce를 결합하여 블록 암호의 입력으로 사용한다. 그렇게 각 블록 암호에서 연속적인 난수를 얻은 다음 암호화하려는 문자열과 XOR한다.

23 ③

스택 버퍼 오버플로우 공격 수행 절차

㉠ 공격 쉘 코드를 버퍼에 저장한다.

㉡ 루트 권한으로 실행되는 프로그램 상에서 특정 함수의 스택 버퍼를 오버플로우시켜서 공격 쉘 코드가 저장 되어 있는 버퍼의 주소로 반환 주소를 변경한다.

㉢ 특정 함수의 호출이 완료되면 조작된 반환 주소인 공격 쉘 코드의 주소가 반환된다.

㉣ 공격 쉘 코드가 실행되어 루트 권한을 획득하게 된다.

※ 스택 버퍼 오버플로우 공격 … 입력값을 확인하지 않는 입력 함수에 정상적인 크기보다 큰 입력값을 입력하여 ret 값을 덮어씌움으로써 임의의 코드를 실행하는 것을 말한다.

24 ④

벨라파둘라 모델(BLP, Bell-LaPadula Cinfidentiality Model)

㉠ 허가된 비밀정보에 허가되지 않는 방식의 접근을 금지하는 기밀성을 강조한 모델로서 정보흐름 모델, 최초의 수학적 모델이다.

㉡ 정보를 극비, 비밀, 일반 정보로 구분하고 MAC 방식으로 접근을 제어한다.

25 ②

개인정보 영향평가〈개인정보 보호법 제33조〉

① 공공기관의 장은 대통령령으로 정하는 기준에 해당하는 개인정보파일의 운용으로 인하여 정보주체의 개인정보 침해가 우려되는 경우에는 그 위험요인의 분석과 개선 사항 도출을 위한 평가(이하 "영향평가")를 하고 그 결과를 행정안전부장관에게 제출하여야 한다. 이 경우 공공기관의 장은 영향평가를 행정안전부장관이 지정하는 기관(이하 "평가기관") 중에서 의뢰하여야 한다.

② 영향평가를 하는 경우에는 다음의 사항을 고려하여야 한다.

1. 처리하는 개인정보의 수

2. 개인정보의 제3자 제공 여부

3. 정보주체의 권리를 해할 가능성 및 그 위험 정도

4. 그 밖에 대통령령으로 정한 사항

③ 행정안전부장관은 제출받은 영향평가 결과에 대하여 보호위원회의 심의·의결을 거쳐 의견을 제시할 수 있다.

④ 공공기관의 장은 영향평가를 한 개인정보파일을 등록할 때에는 영향평가 결과를 함께 첨부하여야 한다.

⑤ 행정안전부장관은 영향평가의 활성화를 위하여 관계 전문가의 육성, 영향평가 기준의 개발·보급 등 필요한 조치를 마련하여야 한다.

⑥ 평가기관의 지정기준 및 지정취소, 평가기준, 영향평가의 방법·절차 등에 관하여 필요한 사항은 대통령령으로 정한다.

⑦ 국회, 법원, 헌법재판소, 중앙선거관리위원회(그 소속 기관을 포함)의 영향평가에 관한 사항은 국회규칙, 대법원규칙, 헌법재판소규칙 및 중앙선거관리위원회규칙으로 정하는 바에 따른다.

⑧ 공공기관 외의 개인정보처리자는 개인정보파일 운용으로 인하여 정보주체의 개인정보 침해가 우려되는 경우에는 영향평가를 하기 위하여 적극 노력하여야 한다.

※ "개인정보파일"이란 개인정보를 쉽게 검색할 수 있도록 일정한 규칙에 따라 체계적으로 배열하거나 구성한 개인정보의 집합물(集合物)을 말한다〈개인정보 보호법 제2조 제4호〉.